Mediação familiar:

a experiência da 3ª Vara de Família do Tatuapé

ADOLFO BRAGA NETO
(org.)

Mediação familiar:

a experiência da 3ª Vara de Família do Tatuapé

ADOLFO BRAGA NETO
(org.)

CLA editora

São Paulo
2018

Editor científico: Guilherme Assis de Almeida
Editor: Fabio Humberg
Revisão: Humberto Grenes
Capa: Alejandro Uribe

Dados Internacionais de Catalogação na Publicação (CIP)
(Câmara Brasileira do Livro, SP, Brasil)

Mediação familiar : a experiência da 3ª Vara de Família do Tatuapé / Adolfo Braga Neto (org.). -- São Paulo : Editora CLA Cultural, 2018.

Vários colaboradores.
Bibliografia.
ISBN 978-85-85454-95-1

1. Administração de conflitos 2. Arbitragem (Direito) 3. Conciliação 4. Mediação 5. Mediação familiar 6. Solução de problemas I. Braga Neto, Adolfo.

18-21541 CDU-347. 918

Índices para catálogo sistemático:
1. Mediação no judiciário : Direito processual civil 347.918

(Maria Alice Ferreira - Bibliotecária - CRB-8/7964)

Grafia atualizada segundo o Acordo Ortográfico da Língua Portuguesa de 1990, que entrou em vigor no Brasil em 1° de janeiro de 2009.

Editora CLA Cultural Ltda.
Tel: (11) 3766-9015
e-mail: editoracla@editoracla.com.br / www.editoracla.com.br

Disponível também em ebook

ÍNDICE

APRESENTAÇÃO

Justiça, diálogo e amor

Guilherme Assis de Almeida[1]

"O primeiro dever do amor é ouvir".

Essa frase do pensador Paul Tillich (1886-1965) pode ser adotada como princípio de ação da equipe de supervisores e mediadores do IMAB - Instituto de Mediação e Arbitragem do Brasil, que, desde o ano de 2013 - antes de qualquer normativa referente à mediação -, é responsável pela mediação familiar junto à Terceira Vara de Família e Sucessões do Fórum do Tatuapé. O significado de amor, para o propósito deste texto, é "dedicação emotiva"[2]. Estar atento às mais diversas emoções de seus mediados e mediadas é o principal trabalho da equipe de mediação do IMAB na experiência descrita neste livro.

A atitude de atenção dedicada dos supervisores, mediadores e mediadoras torna possível a escuta ativa, que, por sua vez, é requisito para a elaboração da cartografia do conflito. Revelando os papéis das diferentes pessoas na situação do conflito, a equipe de mediação tem a possibilidade de elucidar as lógicas desiguais que, atuando de forma adversarial, constituem a própria "razão de ser" do conflito. A

1. Professor Doutor no Departamento de Filosofia e Teoria Geral do Direito (FADUSP).

2. Para um estudo do amor como "dedicação emotiva", consulte HONNETH, Axel. *A Luta pelo Reconhecimento*: a gramática moral dos conflitos sociais, tradução de Luiz Repa. São Paulo: Ed. 34, 2003, em especial o capítulo 5, Padrões de Reconhecimento Intersubjetivo: Amor, Direito, Solidariedade, p.155-177.

tentativa de transformar a maneira de encarar o conflito é o objetivo central da mediação dessa equipe.

O contexto familiar é, por excelência, o espaço do florescimento das emoções, tanto curativas como destrutivas. Discernir as emoções e conhecer como elas podem contribuir para o processo do diálogo é o desafio cotidiano da equipe de mediação do IMAB.

Nesta apresentação, gostaria de destacar algumas peculiaridades da atividade de mediação em tela que a constituem em um exemplo a ser seguido e uma fonte de inspiração para outras boas práticas em todo o Brasil.

A primeira peculiaridade a ser ressaltada é o fato de essa equipe de mediadores e mediadoras do IMAB atuar como uma "verdadeira" câmara privada de mediação. Explicando melhor: a câmara privada de mediação está prevista no artigo 167 do Novo Código de Processo Civil (NCPC) {Lei nº 13.105/2015}. A previsão legislativa é de câmaras privadas, mediadores e conciliadores que atuem no âmbito dos Centros Judiciários de Solução de Conflitos (CEJUSCs). A equipe de mediadores atua em conjunto com a juíza titular de uma vara de família e sucessões, mas está fora do âmbito dos CEJUSCs, o que torna possível a essa equipe estabelecer seu próprio procedimento de atuação. Importante ressaltar que a equipe do IMAB deliberadamente não tem ciência dos autos do processo judicial e tem a liberdade de determinar o tempo de duração de uma reunião de mediação. Respeita as diretrizes traçadas por Joseph Folger, quando afirma que uma instituição de mediação (como o IMAB) deve assegurar que "as práticas de mediação devem preservar a autodeterminação das pessoas e o diálogo."[3] Nesse sentido, apesar de as reuniões de mediação ocorrerem no espaço físico do Fórum do Tatuapé, sua natureza jurídica não é de uma mediação judicial, pois, como visto anteriormente, não está vinculada ao CEJUSCs, conforme estabelecido pelo artigo 24 da Lei nº 13.140/2015. Todavia, é importante ressaltar que as pessoas envolvidas nesses processos de mediação não têm a possibilidade de escolha do mediador – o que contraria o procedimento da mediação extrajudicial (artigo 22, parágrafo 2, inciso III, Lei nº 13.140/2015) e está em consonância com o procedimento da mediação judicial que assevera que "(...) mediadores não estarão sujeitos a prévia aceitação das partes" (artigo 25 da mesma lei).

Defendo a ideia de que a câmara privada de mediação objeto deste estudo tem uma natureza híbrida entre mediação judicial e extrajudicial, que ilustra a possibilidade dos mais diversos arranjos institucionais possíveis entre o Poder Judiciário e instituições da sociedade civil voltadas à mediação (como o IMAB, por exemplo).[4]

A segunda peculiaridade que vale a pena destacar está relacionada às pessoas que compõem a Câmara de Mediação. A Câmara, atualmente, é formada por quarenta pessoas atuantes, entre supervisores e mediadores[5]. Todos com uma considerável experiência de vida (a maioria com mais de cinquenta anos), os integrantes da Câmara não

3. FOLGER, Joseph. *A evolução e avaliação da mediação no Brasil: questões chave para analisar o projeto e a implementação da prática*, em BRAGA NETO, Adolfo. *Mediação: uma experiência brasileira*. São Paulo: CLA, 2017, p. 80.

4. Importante observar que essas questões "processuais" só existem, a partir de 2015, com o advento das leis em tela e que o trabalho da equipe do IMAB teve seu início em 2013.

5. Pela equipe do IMAB no Fórum de Tatuapé já passaram, nos últimos cinco anos, mais de setenta mediadores. Atualmente atuam como supervisores Mariângela Franco Coelho, Maria Cecília Carvalho Silva Tavares, Teresa da Glória Sequeira de Godoy, Agenor Lisot e Adolfo Braga Neto.

recebem remuneração pelo trabalho realizado. No tocante à voluntariedade desse serviço, gostaria de ressaltar o fato de que, conforme testemunho da equipe, todos se sentem gratificados com o trabalho. O que significa dizer que a experiência em análise, mais do que um trabalho profissional, é considerada um "exercício de cidadania".

Esse exercício de cidadania permite aos integrantes da equipe do IMAB serem reconhecidos e valorizados como cidadãos e cidadãs pelos seus pares cidadãos e cidadãs. O reconhecimento e a valorização, frutos da prática da mediação, são cruciais para essas pessoas se sentirem totalmente capazes de exercer, com plenitude, sua cidadania. O que preenche de significado sua atuação no espaço público e sua própria vida pessoal.

As qualidades da "pessoa moral" ou "sujeito capaz" são: 1) articulação de suas necessidades por meio da linguagem; 2) construção de uma narrativa coerente da própria vida; e 3) sensibilidade moral em relação ao contexto.[6] Na sua atividade de mediação, a equipe do IMAB contribui para o percurso de aperfeiçoamento moral dos mediandos. Ao serem capazes do exercício do diálogo e de compreender a lógica do outro que está em uma posição adversarial, sentem uma evolução como pessoas. Defendo a ideia de que, em uma reunião de mediação que possibilitou o exercício dialógico, todos compartilham a certeza de que se transformaram em "pessoas melhores". Isso é verdade para mediadores e mediandos...

Nesse sentido, a motivação da equipe de mediadores é o aperfei-

---

6. HONNETH, Axel. *Decentered autonomy: the subject after the Fall*, p. 188, em Disrespect: the normative foundations of Critical Theory. Cambridge: Polity Press, 2007, p. 180-193.

çoamento moral. Da pausa na padaria da esquina do Fórum do Tatuapé, para a compra dos quitutes e café – alimento do intervalo da mediação –, à escolha da palavra mais adequada para possibilitar o florescer do diálogo com os mediandos, todos esses atos, por mais singelos que sejam, integram a verdadeira saga da mediação. Simples como resultado, complexo como construção.

Sendo a motivação da equipe do IMAB o aperfeiçoamento moral, o meio usado é o mais íntegro respeito à singularidade de cada pessoa, e o objetivo buscado é a Justiça. Justiça entendida como processo de reconhecimento da pessoa. Importa enfatizar que só a pessoa que tem a integridade moral afirmada possui respeito por si própria, sendo capaz do exercício do diálogo.

Para concluir, uma derradeira observação. O Direito no âmbito da atividade de mediação da equipe do IMAB na 3ª Vara de Família e Sucessões do Fórum do Tatuapé não é, em absoluto, parte da dogmática jurídica do ordenamento jurídico pátrio. E, sim, o Direito enquanto "disciplina da convivência humana" (palavras de Goffredo Telles Jr.). Para o disciplinamento da convivência, é imprescindível o diálogo. O diálogo, ao tornar possível o pleno respeito à pessoa, oferece uma direção ao exercício de direitos.

"É justamente para garantir que o dado da existência seja reconhecido e não resulte apenas do imponderável da amizade, da simpatia ou do amor no estado de natureza, que os direitos são necessários." [7]

7. LAFER, Celso. *A Reconstrução dos Direitos Humanos:* um diálogo com o pensamento de Hannah Arendt. São Paulo: Companhia das Letras, 1988, p. 153.

PREFÁCIO

A saga do IMAB

Cidadã como resultado, complexa como construção, pautada numa dedicação emotiva – o amor.

Maria Cristina Zucchi[8]

O trabalho que o grande mediador Adolfo Braga e sua equipe estão desenvolvendo na 3ª Vara de Família do Tatuapé é digno dos maiores e mais sinceros elogios e de reconhecimento de sua grandeza e pioneirismo, principalmente se o considerarmos dentro do atual estágio da mediação como uma ramificação da atividade jurisdicional e judicial junto ao Poder Judiciário Brasileiro.

O magnífico trabalho sobre a experiência da mediação familiar junto à 3ª Vara da Família do Foro Regional do Tatuapé nos apresenta o instituto da mediação com conceito, concepção e instrumental teórico e ético num nível muito especial, denotando uma vivência sábia e experiente na área, com resultados que confirmam e comprovam a superioridade profissional de Adolfo Braga e de sua equipe.

Vários são os fatores que me impressionam muito neste trabalho e que denotam a excelência da realização desta equipe tão competente.

I. Inicialmente, cabem algumas considerações quanto à atua-

8. Desembargadora do Tribunal de Justiça do Estado de São Paulo.

ção da equipe IMAB junto ao Foro Regional do Tatuapé – como já consabido, o Poder Judiciário, tendo adotado a política pública de resolver os conflitos judiciais também pela via conciliatória ou mediatária, estabeleceu toda uma regulamentação e estrutura criadas pelo Conselho Nacional de Justiça, a partir da Resolução nº 125/2010, que dispõe sobre a Política Judiciária Nacional de tratamento adequado dos conflitos de interesses no âmbito do Poder Judiciário Brasileiro.

Nos termos estabelecidos para a Política Judiciária Nacional então criada, antes da solução adjudicada mediante sentença, o Poder Judiciário deve oferecer outros mecanismos de soluções de controvérsias, em especial os chamados meios consensuais, como a mediação e a conciliação.

Por conta de tal implantação, toda uma estrutura foi estabelecida, a ser seguida pelos tribunais de todo o país, visando ao exercício dos meios consensuais de solução de conflitos no âmbito do Judiciário, tanto extrajudicialmente (conciliação/mediação extrajudicial) quanto permeando a tramitação processual judicial (conciliação/mediação judicial), antes (pré-processual) ou durante (processual) qualquer procedimento judicial que venha a ser iniciado.

Centros Judiciários de Solução de Conflitos – CEJUSCs foram e estão sendo criados, em todo o Estado de São Paulo, nas Comarcas e nos Foros Regionais do Estado, para viabilizar o atendimento pela busca da solução consensuada dos conflitos.

Questão que já foi muito levantada a respeito é a do **acesso à justiça** (ou inafastabilidade da garantia do acesso à justiça) para os conflitos familiares. Na medida em que é viabilizada a via consensual para resolução dos conflitos, como fica o acesso jurisdicional para tanto sinalizado desde a Constituição Federal, no seu art. 5º, inciso XXXV? Em outras palavras, como considerar o exemplo da equipe IMAB perante a garantia constitucional acima mencionada?

Hoje encontramos superada a ideia de que o acesso à justiça seria sinônimo do acesso à prestação judicial apenas. O próprio Código de Processo Civil, em seu artigo 3º, deixa muito claro que a apreciação jurisdicional inclui também a arbitragem, a conciliação e a mediação, bem assim como outros métodos de solução consensual de conflitos. E assim já preconizava o juiz Roberto Portugal Bacellar[9] ao apontar que "O processo perante o Poder Judiciário só deve aparecer na impossibilidade de auto-superação do conflito pelos interessados, que deverão ter à disposição um modelo consensual que propicie a resolução pacífica e não adversarial da lide. Embora, a princípio, pareça um contra-senso, há possibilidade de se viabilizar a auto-superação dos conflitos de maneira extrajudicial na própria estrutura do Poder Judiciário."

E assim encontramos o Judiciário entronizando os meios consensuais de solução de conflitos como opção para as partes, antes do ou durante o processo judicial, e é exatamente o que vemos na atuação da equipe IMAB no Fórum do Tatuapé.

Nesse mister, e como prova do superamento do conceito anterior de acesso à justiça, encontramos o exemplo da equipe IMAB, desde

9. Bacellar, R. Portugal. *A mediação no contexto dos modelos consensuais de resolução de conflitos*. Revista n. 8, Emeron, TJRO.

2013 – atuando ao lado do CEJUSC do Foro Regional do Tatuapé, de forma independente dele, com liberdade de atuação permitida pela juíza Tarcisa de Melo Silva Fernandes, coordenadora da unidade, o IMAB estruturou um esquema de atendimento que preserva uma qualidade exemplar no seu desempenho e, consequentemente, no seu resultado. A estatística apresentada o comprova[10].

Tal iniciativa, desempenhada com tanta dedicação e esmero, é um exemplo a ser seguido e paradigmática fonte de inspiração para boas práticas similares em todo o território nacional. Mesmo sem retribuição (pois contam apenas com a voluntariedade do trabalho, porquanto o Tribunal de Justiça de São Paulo ainda não remunera os conciliadores que atualmente realizam as sessões de conciliação em sua sede), vê-se com que carinho a atividade é desenvolvida no Foro Regional do Tatuapé. Mas declaram sentir-se gratificados com os resultados que obtém, porquanto veem seu trabalho não apenas como um exercício profissional, mas acima de tudo, como exercício de cidadania – ao se dedicar à busca de solução para os conflitos da população, eles acabam sendo reconhecidos e valorizados. E esse reconhecimento e valorização é que "preenche[m] de significado sua atuação no espaço público e [na] sua vida pessoal".

II. Nessa função voluntária dignificante do ser humano – tanto da ótica de quem realiza tal atividade (no caso, a equipe do IMAB) quanto na de quem a recebe (os mediandos, respeitados em grau

10. Os cinco grupos de mediação da equipe IMAB, de 2013 até meados de julho de 2018, realizaram mais de 1.000 mediações, ou seja, cerca de 200 ao ano, num total de mais de 10.000 horas de mediações efetivamente desenvolvidas. Os dados apresentados em tal estatística não fazem referência a acordos, pois eles não são o objetivo necessário das mediações. A própria juíza coordenadora atribui a diminuição de feitos em seu juízo à implementação da mediação em sua unidade.

máximo na sua dignidade de pessoa humana, constitucionalmente protegida pelo nosso sistema normativo), três peculiaridades são ressaltadas pelo trabalho ora apreciado:

[**a**] Funcionam como verdadeira câmara privada de mediação (tal como prevista no art. 167 do Novo Código de Processo Civil e do Provimento nº 2.348/2016 do TJSP), porém realizando mediações extrajudiciais, sem vinculação ao CEJUSC do Tatuapé, mas com a ciência e autorização da juíza titular do Foro Regional do Tatuapé. E, como o escopo primeiro é o de preservar a autodeterminação dos mediandos e o diálogo entre eles, o procedimento seguido nessas mediações segue o previsto no art. 22, parágrafo 2º, inciso III da Lei de Mediação (Lei nº 13.140/2015), determinando que o critério escolhido é o de que não haverá escolha do mediador pelas pessoas participantes da mediação, considerando as circunstâncias desse modelo híbrido de atuação de câmara privada de mediação.[11]

Tal peculiaridade torna o exemplo da equipe IMAB um modelo híbrido, que ilustra uma das possibilidades de arranjos institucionais cabíveis entre o Poder Judiciário e instituições civis voltadas à mediação, na consecução da Política Pública traçada para melhor atender à população.

[**b**] São atualmente 40 pessoas, entre supervisores e mediadores, atuando gratuitamente junto ao Foro Regional do Tatuapé, em prol da solução de conflitos dos mediandos que ali deverão trilhar (respeitada a singularidade de cada pessoa) o percurso de aperfeiçoa-

11. Art. 22 da Lei nº 13.140/2015: A previsão contratual de mediação deverá conter, no mínimo: *(...) III - critérios de escolha do mediador ou equipe de mediação;*

mento moral, exercitando o diálogo e construindo a solução possível (Justiça).

[c] A equipe IMAB é motivada pelo aperfeiçoamento moral, utilizando como **ferramenta** → o respeito à singularidade de cada pessoa e tendo como **meta pretendida** → a Justiça, como procedimento de reconhecimento da pessoa.

III. De se ressaltar como é considerado o próprio conflito no âmbito familiar, intrinsecamente decorrente de uma situação de crise nas relações, causador de abalos estruturais pessoais e relacionais (causador ou gerador deles?).

Adolfo faz lembrar a lição de Luis Alberto Warat quando propõe construir uma teoria do conflito que parta da distinção do **diferente** e da **diferença**. Para ele, "o primeiro (diferente) é a natural e em última instância, impenetrável presença do outro como diferente. Ora, duas pessoas diferentes podem (cuidado para não confundir os termos), juntas, produzir a diferença, o novo no tempo e no conflito, tudo mediante um trabalho em relação às coisas diferentes que todos portam."[12]

Ao falar da mediação familiar, a equipe IMAB atua pela pacificação dos membros familiares, caminho que leva as partes ao aprendizado de como gerir, transformar ou resolver seus próprios conflitos. Transformando o diferente inicial em novo diferente, no tempo e no conflito, como apregoa Warat. O mediador, como facilitador do diálogo entre os participantes do processo, conta com e acredita no potencial dos participantes para transformar a interação decorrente de seus pró-

12. Warat, Luis Alberto, *O ofício do Mediador*, vol. I, Ed. Habitus, Florianópolis, 2001, p. 82.

prios conflitos. Essa a matriz principal da Mediação Transformativa[13] que Adolfo Braga e sua equipe professam com tanto sucesso.

Mas a tônica técnica indicada em todo o trabalho está no "**acolhimento**" não só das pessoas individualmente, como também de suas palavras, informações e revelações. Não mera escuta, mas um "receber" com atenção e muito carinho e amor, que é o que a equipe IMAB passa o tempo todo ao relatar sua experiência e preocupação no serviço desenvolvido junto à 3ª Vara da Família do Tatuapé. Ao longo do trabalho, o verbo acolher e o substantivo acolhimento são sempre referidos, denotando o cuidado da equipe IMAB com as pessoas e as informações a elas pertinentes, desde o início de todo o procedimento. No criterioso trabalho apresentado, é indicada, com brevidade, a propriedade da utilização da mediação para solução dos conflitos familiares.

E com muito acerto. Destacando os seguintes pontos essenciais:

[**a**] A mediação familiar não tem por escopo a obtenção de acordo. Este não é, e não deve ser seu objetivo prioritário. O que se busca é a resolução do conflito, a melhor solução para aquele determinado caso. Como aponta Adolfo Braga, a mediação familiar visa ao acolhimento das pessoas durante todo o processo dialógico, preservando a sua vontade, se desejam e consideram o momento adequado para decidir sobre suas vidas e suas famílias, e se der, se houver momento propício, buscando construir parâmetros para o futuro da família envolvida no conflito.

13. Barush Bush & Folger, 1994, com a obra *The promise of mediation: responding to conflict through empowerment and recognition.*

[b] A confidencialidade como princípio da mediação – no atual NCPC, art. 167 está disposto que "a conciliação e a mediação são informadas pelos princípios da independência, da imparcialidade, da autonomia da vontade, da confidencialidade, da oralidade, da informalidade e da decisão informada". Tal disposição se alinha ao que tem sido estabelecido para a mediação e à Resolução nº 125 do CNJ. Por seu turno, o NCPC estabelece expressamente que "A confidencialidade estende-se a todas as informações produzidas no curso do procedimento, cujo teor não poderá ser utilizado para fim diverso daquele previsto por expressa deliberação das partes." (art. 166, par. 1º) bem como que "Em razão do dever de sigilo, inerente às suas funções, o conciliador e o mediador, assim como os membros de suas equipes, não poderão divulgar ou depor acerca de fatos ou elementos oriundos da conciliação ou da mediação."(art. 166, par. 2º). E o trabalho de Adolfo Braga ressalta o caráter de confiabilidade da mediação como requisito para que as partes cheguem a promover mudanças em torno do fortalecimento e reconhecimento que elas busquem alcançar. Do sigilo, porém, advêm consequências que precisariam ser adotadas na prática, tal como o impedimento do juiz da causa para fazer a conciliação, porquanto, se a mediação não se concretizar, nada do que foi revelado na sessão conciliatória poderá fundamentar sua futura decisão.

Digna de cumprimentos a nobre juíza da 3ª Vara da Família do Tatuapé, que autorizou o trabalho da equipe IMAB, mas dele se afasta, preservando seu papel jurisdicional judicial.

[c] A supervalorização do contato inicial com as partes e a preparação para a mediação (pré-mediação). O cuidado demonstrado pela equipe IMAB é surpreendente. William Ury já afirmava, quando da sua obra *Getting Past NO*[14] que as negociações "seriam muito mais efetivas se as pessoas dispendessem mais do seu tempo limitado preparando e menos em sessões (ou reuniões). A preparação das diretrizes principais leva isso em conta...".

E é o que se depreende do relatório e das informações que o trabalho apresentado exibe. Sempre lastreado no verbo **acolher** como maneira de chegar até as partes, conhecê-las, e ajudá-las.

[d] O trabalho se refere, ainda, ao advogado, e quanto a ele, é muito importante que as partes estejam acompanhadas de seus advogados durante a mediação familiar - mas de advogados que conheçam a importância e o significado dos métodos consensuais de resolução de conflitos e adotem postura condizente com a utilização profícua deles. A prática tem demonstrado despreparo dos advogados quanto às possibilidades consensuais e, não raras vezes, até mesmo desestimulando as partes quanto a este recurso, na verdade prejudicando-as.

Precisa haver uma conscientização, tanto dos mediadores quanto dos advogados, de que ao advogado cabe exclusivamente a postulação em juízo, a consultoria, a assessoria e a direção jurídicas.[15] Estas atividades não podem ser exercidas por mais ninguém. Isto significa que o mediador não pode fazê-lo, ainda que seja advogado.

Assim sendo, numa reunião de mediação, o mediador estará atuando apenas como tal, incumbido de desestruturar o conflito e auxiliar

14. Ury, William, *Getting Past NO*, Bantam Ed., 1993, USA.

15. Art. 1º, incisos I e II do Estatuto da Advocacia e da OAB - Art. 1º: São Atividades privativas da advocacia: I- a postulação a qualquer órgão do Poder Judiciário e aos juizados especiais; II- as atividades de consultoria, assessoria e direção jurídicas.

as partes a entender-se, compreender-se, e buscarem com seus recursos e conhecimento, a melhor solução para o seu conflito. Se assim é, alguém precisará ocupar o lugar do assessor jurídico da parte, que não seja o mediador. E este alguém só pode ser o advogado da parte.

O papel do advogado, ainda, não se confunde com o das partes. Ele não será representante da parte, como ocorre no processo judicial. A parte é que será protagonista no procedimento conciliatório. O advogado será mero assistente jurídico dela, orientando-a juridicamente no que ela precisar. Mas ele não participa da mediação propriamente dita, e fica igualmente comprometido com a confidencialidade que a mediação requer, daí surgindo para ele, advogado, uma série de consequências éticas a serem observadas.

IV. À guisa de considerações últimas, parabenizo a equipe IMAB pelo belíssimo trabalho realizado junto à 3ª Vara da Família do Tatuapé. Merece nossos aplausos e orgulho, devendo ser enaltecido seu pioneirismo e, mais do que seu vanguardismo, a originalidade com que realiza o exercício da atividade conciliatória e mediatária em colaboração com o Poder Judiciário de São Paulo. Seu ideal é maravilhoso – baluarte da dignidade da pessoa humana, espelha um alto grau do exercício da cidadania, chegando à pacificação dos conflitos familiares com competência e galhardia merecidas.

Sabemos que, para que a via consensual possa prosperar em termos amplos, precisamos de operadores capacitados e realmente imbuídos da vocação e ideais que o exercício dos meios consensuais de resolução dos conflitos requer.

Mediadores assim já temos, na equipe IMAB. Reverenciáveis e

extremamente capazes. Resta lutarmos para que todo o segmento jurídico e multidisciplinar que a mediação abarca se envolva com competência, vocação e ideal suficientes para tornar a mediação um instituto respeitado, dignificado e reverenciado como meio pacificador de conflitos humanos, responsáveis pela mudança de nossa cultura litigiosa para uma cultura do consenso, da paz e da concórdia.

O papel do advogado precisa ser aclarado e bem compreendido, para que as confusões e acumulação de funções sejam evitadas, bem assim as suas consequências.

O estímulo à mediação familiar deve ser sempre realizado sob a égide da manifestação livre da vontade dos participantes, visando ao consenso quanto aos seus interesses e expectativas.

A confidencialidade precisa ser reforçada e sustentada. Se houver a utilização indevida em juízo de informações obtidas em sessões consensuais, caberá à parte contrária promover a alegação devida, bem como ao magistrado rechaçar tal atitude, evitando o desestímulo à participação em sessões de mediação.

Espera-se que os operadores da mediação se habilitem a bem agir na gestão dos conflitos, com qualidade, fazendo da mediação ferramenta valiosa para dar voz e vez aos protagonistas dos conflitos dispostos a investir produtivamente em um novo *script* para sua história e sua vida.

Linda a saga do IMAB – pioneira, peculiar, competente, eficiente e sublimando o exercício da cidadania, de que nossa sociedade tanto precisa!

Conflitos familiares e a mediação

Adolfo Braga Neto[16]

Os conflitos e disputas na família são inúmeros e de imensa complexidade, podendo promover distintos graus de reações emocionais dos envolvidos[17], muitas vezes proporcionais aos afetos e desafetos relativos aos níveis de parentesco. São, na verdade, frutos da evolução dos diversos níveis relacionais existentes na família. Em razão de estarem, intrinsecamente, ligados à perspectiva de crise naquelas relações, que levam a abalos nas estruturas internas pessoais, são vistos de maneira negativa, o que acaba por dificultar o diálogo direto entre os envolvidos. A propósito, o diálogo será sempre resultado daqueles componentes ou mesmo a sua causa. Até hoje não está muito claro se o diálogo é resultante do conflito ou o seu gerador. Por isso, na interação conflituosa, percebem-se elementos de fragilidade recíprocas entre as pessoas, assim como componentes de desrespeito recíproco gerados pelo não reconhecimento mútuo. Em outras palavras, os componentes de autocentramento recíproco impedem o reconhecimento mútuo.

Os abalos estruturais pessoais e relacionais, na maioria das vezes em função da disputa gerada, levam à busca de um terceiro, que poderá ser da própria família, como o pai no caso de conflitos entre

16. Advogado, mediador e presidente do Conselho de Administração do IMAB – Instituto de Mediação e Arbitragem do Brasil.

17. ROSA, Conrado Paulino. *Desatando nós e criando laços:* os novos desafios da mediação familiar. Belo Horizonte: Del Rey, 2012, p. 101.

irmãos, uma tia no caso de conflitos entre primos, ou os pais no caso de conflitos entre casais, entre outros. Da mesma maneira, buscam também alguém externo à família, para saber quem está errado ou certo, a quem assiste o direito ou não: por exemplo, o advogado, o vizinho, o amigo comum, ou mesmo um líder religioso, como o padre da paróquia que frequentam, o rabino, o pastor e outros. Buscam um conselheiro para orientá-los a um caminho que consideram mais adequado, sempre no sentido de alguém indicar a melhor solução. A intenção por de trás dessa busca é impor a vontade de um sobre o outro, a partir de uma autoridade de confiança ou alguém que ambos reconhecem como tal, para serem aconselhados ou orientados. Tal atitude, resultante de um paradigma do ser humano, acaba por levar a mais conflitos, pois a leitura recíproca na maior parte é decorrente da incompreensão das razões que levaram à introdução do terceiro na interação conflituosa e, sobretudo, alguém que traga o elemento de imposição de vontade. A propósito do advogado, muitas vezes chamado a esclarecer, orientar, aconselhar ou apontar o caminho, como é um profissional que visualiza a resolução do conflito pela lente do processo judicial, oferecerá, naturalmente, esse caminho formal. Irá, portanto, postular junto ao Estado, para que este, por intermédio do juiz, diga quem tem o direito, a razão e de quem é a culpa da existência do conflito.

Hoje, muito se questiona sobre as decisões impositivas do juiz baseadas na lei e nos seus parâmetros legais, gerando insatisfação ou mesmo descumprimentos. Nesse sentido, são cada vez mais comuns afirmações de que a sentença judicial dá fim ao processo, mas não ao conflito. Fundamental lembrar que tais decisões de nada adiantam, pois mantêm noções de culpa, ou do certo em detrimento do errado, ou mesmo a quem assiste o direito ou a razão. Na verdade, é uma lógica binária milenar baseada no bem e no mal, que gera mais conflito.

A mediação no contexto familiar oferece, por intermédio de seu processo interativo, a conscientização das responsabilidades e dos papéis que cabem a cada um dos integrantes da família, tendo um terceiro sem qualquer caráter impositivo, que os incentivará a promover uma nova dinâmica. Tentará estimular o resgate da responsabilidade não somente pela situação geradora do conflito, mas também por tudo aquilo que está sendo dialogado na mediação, além de, evidentemente, tudo que irão assumir como compromisso no futuro. Nesse sentido, parte-se sempre da premissa de que o conflito não somente é natural, mas, principalmente, decorrente da estrutura relacional existente.

Esses elementos trazem no seu bojo a redefinição de que a família não se desestrutura com o surgimento do conflito, mas acaba por refletir nova interação decorrente da crise existente com o conflito instalado. Nesse sentido, um casal em vias de se divorciar que disputa a guarda dos filhos o faz como consequência das limitações pessoais, por não terem clareza de que o que termina é a relação do casal marido/esposa, ou seja, a relação conjugal, e não a relação parental (pai, mãe e filhos), pois isto é indissolúvel. Em outros casos em que inexiste a filiação, a mediação poderá cooperar para que o relacionamento findo de um casal seja menos traumático, colaborando nas tratativas para sua conclusão de forma mais equilibrada e equânime para ambos os envolvidos no conflito. Ao mesmo tempo, permite que as consequências da separação repercutam de maneira menos antagônica para todos. Dessa mesma maneira se encaram os conflitos decorrentes de todos os demais laços de parentesco, primando por formas mais criativas de resolução dos conflitos. Assim é que questões entre irmãos, primos, tios, sobrinhos podem ser muito bem solucionadas, ou ao menos transformadas, quando são levadas à mediação, pois proporcionam aos que dela se utilizam soluções inovadoras e criativas, ao mesmo tempo em que se resgatam os laços de harmonia nelas existentes. Da mesma maneira, pode-se afirmar que a mediação poderá ser empregada no caso de idosos que possuam famílias que os abandonaram ou mesmo de adolescentes envolvidos com a lei.

É importante enfatizar que a mediação no contexto familiar hoje transcende aquela empregada no divórcio, da qual se iniciou há mais de três décadas. Assim é que a mediação familiar pode se dividir nas seguintes áreas: divórcio, divórcio com filhos, relações de parentesco, idosos em situação de risco e menores envolvidos com a lei. Para cada uma dessas subáreas, poder-se-ia assim chamar, são tomadas referências com elementos específicos em que a relação existente entre os envolvidos deve ser estudada e aprofundada para que a mediação possa acolher de maneira mais adequada todos os componentes integrantes da relação conflituosa. Poder-se-ia afirmar que seriam espécies do gênero mediação familiar, pois cada uma delas obedece a um rito próprio e, claro, envolverá número diferente de participantes.

Deve ser ressaltado que a mediação no contexto familiar não se confunde com terapia, pois o papel do mediador, apesar de ser confundido com o do terapeuta, é distinto, já que não há um diagnóstico seguido de tratamento terapêutico. Não há uma análise sobre o conflito intrapsíquico, mas, sim, sobre a interação existente na relação dos integrantes da família, suas funções e papéis. Não há o desenvolvimento de hipóteses para explicar o funcionamento da família, que ocorre naturalmente em terapia, mas, sim, o auxílio do mediador no diálogo desenvolvido e protagonizado pelos participantes. Na mediação há um término com a construção das soluções, e em terapia há um finalizar pela evolução do paciente. Terapia é um processo, normalmente mais longo que a mediação. No entanto, o resultado de uma mediação familiar envolvendo dois ou mais familiares, na maioria das vezes, tem um cunho terapêutico, não somente em função do aprendizado que será mencionado mais adiante, mas, sobretudo, pela perspectiva e percepção pessoal que normalmente os participantes alcançam.

A mediação no contexto familiar é uma das diversas áreas em que a atividade vem se desenvolvendo de forma rápida e dinâmica. O emprego de maneira ética, com aplicação de regras baseadas no respeito à individualidade humana, promove cada vez mais a sua difusão em ambientes privados e públicos, em especial no processo judicial, tanto no Brasil quanto no exterior. Em todos os países onde a mediação é utilizada, a familiar é a que mais se destaca, pelo número de pessoas e profissionais nela interessados e envolvidos e, sobretudo, pelo vasto espectro de experiências cada vez mais inovadoras e paradigmáticas. Essa realidade é facilmente constada em eventos internacionais e nacionais em que a mediação de conflitos é tema central.

Convém também ressaltar que hoje a resolução de conflitos familiares pela via da imposição tem gerado amplo grau de insatisfação e mais conflito. O resultado dessa situação enfática é a atitude natural das pessoas no sentido do descumprimento das decisões emanadas de terceiros, quando não de ações de revolta que geram mais e mais antagonismos e discórdias, agravando o conflito, como dito anteriormente. A mediação familiar é uma das mais eficientes respostas às questões familiares como um todo pela via do diálogo diferenciado vocacionado para o futuro daquelas pessoas que, ao se sentirem satisfeitas com suas decisões, cumprirão espontaneamente eventuais compromissos assumidos em mediação. Atinge-se com isso a pacificação de seus membros, que com a mediação acabam aprendendo a gerir, transformar ou resolver seus próprios conflitos pela via do diálogo voluntário, com confidencialidade, que leva à reflexão sobre suas perspectivas pessoais futuras.

A mediação familiar pode ser definida como um processo em que um terceiro imparcial e independente ajuda, em reuniões separadas ou conjuntas com os familiares envolvidos em conflitos, a promover um diálogo diferente daquele decorrente da interação existente por força do conflito.

O papel do mediador familiar é o de acompanhar e apoiar mudanças daquela interação, as quais ocorrerão caso o diálogo diferente aconteça, podendo ou não levar à criação de soluções que atendam a todos os envolvidos. E, na hipótese de construírem alguma solução, quase sempre resulta no cumprimento espontâneo. A mediação familiar aqui referida segue o princípio de que o mediador é um facilitador do diálogo entre os participantes do processo. Não julga, não orienta, não assessora, não faz sugestões ou avaliações sobre o conflito e muito menos direciona para algo que considera necessário ou adequado aos mediandos. O mediador acredita no potencial dos participantes para transformar a interação decorrente de seus próprios conflitos. Crê que possuem recursos próprios que promovem mudanças de percepções pessoais de fragilidade e autocentramento em direção ao empoderamento e reconhecimento mútuos.

A simplicidade conceitual enfatizada acima encobre o caráter complexo do método, operado por meio da intervenção de um terceiro com funções diferentes de outros profissionais, dentre as quais a de proporcionar momentos de interação diferentes dos que foram vivenciados pelas pessoas ou mesmo de reflexão sobre o diálogo existente, decorrente da interação em curso. Essa aparente simplicidade não deve impedir a identificação de toda a complexidade de que se reveste a interação entre os membros familiares e o conflito instaurado.

A mediação familiar se propõe a refletir sobre essa complexidade para, com ela, promover o repensar sobre a perspectiva de futuro dos familiares, seja com a continuidade ou não da convivência entre eles, além, é claro, da manutenção dos laços parentais, que jamais serão desfeitos. Em outras palavras, a mediação familiar não busca resgatar os laços eventualmente perdidos, mas, sim, acompanhar e apoiar os elementos de mudanças em torno da saída da fragilidade e do autocentramento de seus participantes, para, como dito acima, os respectivos fortalecimentos, bem como o reconhecimento mútuo e, claro, o respeito recíproco.

Dentre os elementos essenciais da mediação familiar, a autonomia das vontades possui um grande protagonismo, sendo talvez o mais relevante, pois o caráter voluntário da mediação constitui-se na grande mola propulsora da atividade. Só existirá o processo se os familiares efetivamente desejarem dele fazer parte e, para tanto, é fundamental que conheçam seu dinamismo e seus objetivos, bem como seu alcance e suas limitações. Da mesma maneira, esse elemento permite às pessoas, ao longo do processo, administrar o conflito conforme suas vontades, a partir de temas por elas mesmas estabelecidos.

Conclui-se claramente, pelas observações acima, que a mediação familiar não possui qualquer caráter impositivo. Ela existirá caso os familiares efetivamente desejem que ela exista, tomará o rumo que eles determinarem e, ao mesmo tempo, incluirá temas por eles identificados. A mediação familiar se propõe a proporcionar um ambiente de cooperação, sem o qual não há como ocorrer. Por isso, só é possível o seu uso quando há predisposição dos familiares envolvidos no conflito em dialogar sobre questões relativas a suas respectivas visões, interações e conexões. A partir do momento que sentirem que faz sentido para eles estar no processo, permanecerão até o momento que considerarem oportuno para eles.

A mediação familiar se baseia na premissa de que o conflito ocorrido faz parte do passado. Não há como modificá-lo, mas pode ser enfrentado e transformado. E, como comentam Bush e Folger, em *The Promise of Mediation*[18], esse é o momento em que as pessoas percebem que estão vivenciando uma oportunidade única de falar e escutar sobre o conflito e a inter-relação entre elas existente.

18. FOLGER, Joseph Patrick; BUSH, Robert. *The Promise of Mediation*. Nova York: Josey Bass, 2005, p. 19.

A mediação familiar pressupõe a confidencialidade, no sentido de que informações, fatos, relatos, situações, propostas e documentos trazidos, oferecidos ou produzidos ao longo de seu processo serão cobertos pelo manto do sigilo, não podendo ser revelados a pessoas que dele não participam. Caso no processo ocorram reuniões individuais, a confidencialidade também deverá ser preservada, sendo que o mediador somente revelará alguma informação de uma pessoa a outra com autorização da que ofereceu a informação.

Convém enfatizar que essa característica ou princípio do instituto oferece a oportunidade de um ambiente protegido para que os familiares falem abertamente o que está se passando com eles, pois será por meio desse conforto que o diálogo será diferente daqueles que a interação entre eles levou a existir.

Por outro lado, aspecto importante, que necessita ser mencionado, é o ligado ao caráter de confiabilidade da mediação. Ao optar pela mediação, os familiares o fizeram baseados na confiança de que esse método é adequado para o conflito que enfrentam. A mesma confiança deverá ser projetada, posteriormente, ao mediador, que sem ela não alcançará as mudanças em torno do fortalecimento e reconhecimento que os participantes buscam, muitas vezes de maneira inconsciente. Caso a confiança com o mediador não ocorra, o risco de eventual compromisso assumido não ser cumprido é grande. E, na mesma proporção, haverá a possibilidade de interrupção do processo.

A mediação familiar, nesse sentido, busca ajudar os participantes a administrar os conflitos a partir de seus próprios recursos. Para tanto, já que no Brasil o método ainda é muito desconhecido, deverão ter a informação antecipada sobre o processo para tomadas de decisões. O seu empoderamento a partir da escolha do método, como defendem Bush e Folger, é outro elemento imprescindível para a mediação, que poderá se dar pelo acesso às informações privilegiadas antes do processo e sobre todas as questões a serem discutidas durante o seu andamento, além de, obviamente, com a conexão com o outro, como será mais bem apresentado mais à frente.

O conflito traz sempre o "desrespeitar mútuo", que pode ser identificado tanto com relação à falta de reconhecimento sobre aspectos pessoais e familiares, quanto com relação à imposição de vontade de um sobre o outro. A mediação familiar se propõe a ajudar os participantes a se reconhecerem mutuamente e, para tanto, oferecerá instrumentos que espelhem claramente o momento que estão vivenciando.

A mediação familiar, desde o primeiro momento da preparação, a pré-mediação, assim como ao longo de todo o processo, busca resgatar o respeito às individualidades de todos, sempre a partir de seus limites e perspectivas pessoais, com base em suas visões individuais únicas. E poderá alcançar, se houver predisposição neste sentido, a sensibilidade e o respeito mútuo, como dito anteriormente.

Deve ser enfatizada também uma consequência muito comum da utilização da mediação familiar. Em muitos casos, os familiares que dela fazem uso acabam aprendendo a administrar seus próprios conflitos de maneira diferente e às vezes inédita para eles mesmos e, com isso, se capacitam para lidar com futuras diferenças. Por isso,

Lisa Parkinson identifica seu caráter didático[19]. Esse desdobramento pode ser explicado pelo fato de os mediandos se colocarem, ao longo do processo, em um lugar de maior sensibilidade com relação ao outro e, com isso, iniciarem um processo de solidariedade recíproca a partir do respeito às visões limitadas e muitas vezes ilusórias de cada um. E, como salienta Warat[20], a mediação familiar é um "processo que recupera a sensibilidade, ainda que leve ao crescimento interior na transformação dos conflitos". A partir disso, promove-se o respeito mútuo às diferenças e o reconhecimento das limitações próprias e das perspectivas pessoais diferentes ou mesmo opostas, o que pode proporcionar a integração das visões individuais, que será terreno fértil para a responsabilidade que pavimentará de maneira robusta a possibilidade da construção de soluções.

A mediação familiar significa acolher os familiares. Em outras palavras, seu foco de ação privilegia as pessoas com base em suas próprias perspectivas. Parte-se do pressuposto da existência de dificuldades e limitações momentâneas dos participantes de transformar seus conflitos e, em razão disso, da possibilidade de um terceiro lhes auxiliar na sua gestão. A referência desse método de transformação de conflitos é muito diferente da de outros instrumentos confundidos com ele, como a atividade de assessoramento, que nada mais é do que disponibilizar informações para que as pessoas saibam como optar pelo melhor caminho a ser percorrido.

A mediação tampouco se confunde com o aconselhamento, pois

19. PARKINSON, Lisa. *Mediação Familiar*. Lisboa: Agora Comunicação/Ministério da Justiça de Portugal, 2008, p. 78.

20. WARAT, Luis Alberto. *Surfando na Pororoca: o ofício do mediador*. Florianópolis: Boiteux, 2004, p. 65.

o conselheiro oferece sugestões para a superação do conflito. Ao conselheiro, é possível propor a reconciliação ou outra opção para os participantes, que no âmbito da mediação poderão ser hipóteses a serem pensadas pelas pessoas envolvidas no conflito. Além disso, a relação entre cliente e conselheiro pode envolver alguma dependência durante algum tempo, ao passo que, na mediação, o mediador procura estimular a capacidade dos participantes de decidir o que é melhor para todos, por acreditar no potencial que possuem em mudar a qualidade da interação entre eles existente.

Ao identificarem as características da mediação familiar, Sampaio e Braga[21] enfatizam ser uma atividade que "se beneficia da multidisciplinaridade geradora da interação interdisciplinar em busca de soluções transdisciplinares". Nesse sentido, deve-se pensar que a atividade pode e deve ser exercida por profissionais de diferentes áreas do conhecimento, baseados em trajetórias diversas e que, com seus respectivos olhares, enriquecerão o trabalho desenvolvido e promoverão um resultado que transcende uma área específica e terá reflexos em todas elas simultaneamente, sobretudo para os maiores beneficiários, as pessoas que dela fazem uso.

Convém ressaltar que a mediação familiar não visa pura e simplesmente ao acordo. Visa, antes, como dito anteriormente, construir soluções a partir de mudanças ou movimentos pessoais dos participantes em direção ao seu fortalecimento e ao reconhecimento mútuo. A mediação familiar conta com um terceiro independente e imparcial a propor o diálogo colaborativo entre os participantes para que alcan-

21. SAMPAIO, Lia Regina Castaldi; BRAGA NETO, Adolfo. *O que é mediação de conflitos*. Coleção Primeiros Passos. São Paulo: Brasiliense, 2007, p. 7.

cem a solução/soluções. Nesse método, busca-se propiciar momentos de criatividade para que os próprios envolvidos possam refletir melhor sobre que opções desejam diante da interação existente. Por isso, eventual acordo poderá ocorrer caso as pessoas assim o desejem.

A mediação familiar constitui-se, na verdade, em um método pós-moderno de transformação de conflitos[22]. O que significa dizer que o método transcende elementos estruturantes da realidade decorrente da modernidade em que o conhecimento único se entrelaçava com outro ou outros, porém preservando suas linhas mestras. A pós-modernidade aponta o quão superado está esse entrelaçamento restrito, pois hoje tudo se confunde e não há como enquadrá-lo sob outro olhar, pois se perdeu ao se conectarem, passando a ser um instrumento único. Em outras palavras, mediação familiar é Direito e não é Direito. É Sociologia e não é Sociologia. É Psicologia e não é Psicologia. É Economia e não é Economia. É Administração e não é Administração. Consiste em incluir ciências autônomas de diferentes origens que se entrelaçam construindo e contribuindo para a mediação permanentemente, que nada mais é do que uma prática.

No entanto, não é uma panaceia para a transformação de todos os conflitos familiares. Possui, sim, limitações quanto ao seu emprego, muito embora legalmente falando esteja limitada a direitos disponíveis. Com base em aspectos materiais, a mediação familiar efetivamente não encontra limitação, pois se pode dela fazer uso em todos os tipos de conflitos familiares. Há limitações, portanto, no que diz respeito às pessoas que dela fazem uso. Uma delas é a própria dispo-

22. SUARES, Marines. *Mediando en Sistemas Familiares*. Buenos Aires: Paidós, 2002, p. 78.

sição em participar e em cooperar durante o processo. Outras limitações seriam aquelas ligadas às situações pessoais de cada um dos participantes no processo, que deverão estar em condições normais para refletir sobre temas de interesse e livres de fatores emocionais que os impeçam de fazê-lo. Limitações decorrentes de fatores psicológicos impedem as pessoas de refletir adequadamente e, com isso, torna-se difícil para elas colaborar e se responsabilizar por tudo que for tratado na mediação.

O mediador familiar

O mediador familiar deve pautar sua conduta pela imparcialidade, independência, discrição, diligência e dever de revelação.

Imparcialidade: compreendida no sentido de manter tratamento igual aos participantes e o devido respeito a eles.

Independência: entendida no sentido de não existir qualquer interesse pessoal ou relacionamento anterior capaz de afetar a credibilidade do mediador no desenvolvimento do processo de mediação.

Discrição: significa que qualquer relato de fatos, situações, documentos, informações e propostas apresentados ou produzidos durante a mediação devem ser mantidos sob sigilo.

Diligência: consiste no cuidado em desenvolver o processo, assegurando sua qualidade e, claro, os parâmetros determinados pelos participantes.

Dever de Revelação: o mediador deverá informar qualquer fato ou circunstância que leve a eventual dúvida relativa à sua independência e à imparcialidade de sua conduta ao longo do processo em que esteja colaborando.

Com relação à postura exigida do mediador familiar ao longo de sua intervenção, cabe ressaltar que muito se fala da neutralidade. Aliás, em alguns países esse profissional é mais conhecido como neutro. Sobre esse aspecto, é importante lembrar que a natureza humana sempre prima pela associação ao já vivenciado e conhecido, decorrente de determinadas ideologias, mitos, paradigmas, imaginários, ilusórios e mesmo necessidades, valores pessoais ou o próprio senso de justiça. No entanto, é dever do mediador se isentar de seus elementos internos pessoais, pois na mediação valem os elementos internos dos mediados. Em outras palavras, a isenção é o valor soberano do mediador, que deve ser preservado em prol da imparcialidade, sem a qual o processo fica comprometido. No momento em que são identificados os temas, as mudanças ou não de cada mediado, deverão valer as referências pessoais de cada um dos participantes e não as do mediador. O mediador, portanto, deve deixar de lado quesitos pessoais que possam direcionar os mediados para determinadas soluções, mantendo atenção permanente à sua isenção. O mediador deverá cuidar da equidade de participação dos mediados. Para isso, a capacitação em mediação de conflitos é fundamental, devendo privilegiar cuidados com relação a esses elementos, tanto no âmbito teórico quando no prático supervisionado.

Além disso, a isenção mencionada inclui também o não oferecimento de informações técnicas pelo mediador. Nesse sentido, caberá a ele chamar o profissional adequado para o fornecimento da informação e orientação necessária. Por outro lado, não poderá oferecer os conhecimentos de sua profissão de origem para assessorar os participantes em suas decisões, nem poderá sugerir ou aconselhar quanto a decisões a serem tomadas. Ao mesmo tempo, uma vez finda a função de mediar o conflito para a qual foi nomeado, deverá evitar exercer outra atividade ligada ao caso – por exemplo, juiz, árbitro ou consultor.

A função do mediador familiar é auxiliar os familiares a conduzir o processo de mediação. A ele cabe acolher os participantes, acompanhados ou não dos seus advogados; prestar os esclarecimentos relativos ao processo; estimular a participação de todos os envolvidos, assegurar suas livres expressões; buscar a clareza; estar conectado permanentemente à interação entre eles, assim como às mudanças que ocorrerem ao longo do processo; evitar direcionamentos para o que considerar necessário e adequado aos participantes; e, enfim, de maneira muito simplista e resumida, facilitar o diálogo. E, em especial, sempre ter como referência que ele pertence a uma família e como tal jamais poderá tomar como modelo a sua para ajudar aos outros. Por isso, deve estar permanentemente atento aos valores da família que está mediando, pois não valem os da sua, mas os daqueles que participam da mediação.

Com conhecimento sobre a complexidade dos conflitos familiares e seus reflexos[23], a comunicação humana, técnicas que estimulam o diálogo e perspectiva holística, o mediador deve promover a facilitação de diálogos. Sua competência resulta do seu domínio sobre os temas citados acima, o que permitirá exercer o papel de ajuda às pes-

23. CEZAR-FERREIRA, Veronica A. da Motta. *Família, Separação e Mediação:* uma visão psicojurídica. São Paulo: Método, 2005, p. 29.

soas em crise. Ele deverá estar permanentemente atento à interação que se estabelece entre os mediandos e aos seus graus de fortalecimento pessoal e reconhecimento mútuo. É imprescindível promover, durante a interação entre mediador e mediados, o reconhecimento da existência provisória de uma equipe em colaboração, que buscará auxiliar os mediados a focar na possibilidade de acolhimento e sensibilidade recíprocos.

A mediação parte de uma atitude de humildade do mediador em relação aos mediados, que são os protagonistas do processo[24]. Os mediados são os mais indicados para solucionar suas questões, pois possuem potencial para tanto, mas, por força da competição ou de imposição originada pela interação decorrente do conflito, enfrentam dificuldade de ter noção exata da amplitude de seus respectivos potenciais. Sua função é ajudar as pessoas com base na retomada do respeito mútuo e inclui o resgate das responsabilidades pessoais, não somente pelo conflito, mas, sobretudo, pelos compromissos assumidos no decorrer do processo e depois dele.

Referências bibliográficas

BRAGA NETO, Adolfo. *Mediação – Uma Experiência Brasileira*. São Paulo: CLA, 2017.

BRENNEUR, Beatrice Blohorn. *Justice et Médiation – un juge du travail témoigne*. Paris: Le Cherche Midi, 2006.

24. HAYNES, John M.; MARODIN, Marilene. *Fundamentos da Mediação Familiar*, 2ª ed. Porto Alegre: Artes Médicas, 1998, p. 11.

CEZAR-FERREIRA, Veronica A. da Motta. *Família, Separação e Mediação: uma visão psicojurídica*. São Paulo Método, 2005.

HAYNES, John M.; MARODIN, Marilene. *Fundamentos da Mediação Familiar*, 2ª ed. Porto Alegre: Artes Médicas, 1998.

FOLGER, J. P.; BUSH, R. *The Promise of Mediation*. New York: Josey Bass, 2005.

PARKINSON, Lisa. *Mediação Familiar*. Lisboa: Agora Comunicação/Ministério da Justiça de Portugal, 2008.

ROSA, Conrado Paulino. *Desatando nós e criando laços: os novos desafios da mediação familiar*. Belo Horizonte: Del Rey, 2012.

SAMPAIO, Lia Regina Castaldi; BRAGA NETO, Adolfo. *O que é Mediação de Conflitos*. Coleção Primeiros Passos. São Paulo: Brasiliense, 2007.

SUARES, Marines. *Mediando en Sistemas Familiares*. Buenos Aires: Paidós, 2002.

WARAT, Luis Alberto. *Surfando na Pororoca - o ofício do mediador*. Florianópolis: Boiteux, 2004.

A Visão da Juíza

Tarcisa de Melo Silva Fernandes[25]

Em 2008 tive a oportunidade de conhecer a mediação. Confesso que o conceito que me foi apresentado naquela época, cunhado pela eminente Desembargadora Dra. Maria Cristina Zucchi, tocou profundamente a minha alma. Segundo a insigne jurista, "mediação é o processo pelo qual se transforma em esperança o que era desespero e em começo o que parecia fim".

Em 2011, em razão de férias de uma colega, fiquei respondendo pelo CEVAT (Centro de Visitação Assistida), um palco fornecido pelo Egrégio Tribunal de Justiça, atualmente localizado no Foro Regional do Tatuapé para efetivação de visitas em processos cujos pais, em razão da belicosidade existente entre eles, tornavam traumática a retirada e entrega dos filhos. O CEVAT, também, destinava-se àqueles casos em que havia necessidade de se proteger os superiores interesses das crianças e dos adolescentes.

Deparando-me com os casos que eram submetidos ao CEVAT – os quais eram provenientes de vários Foros da Capital –, verifiquei o quanto o conflito entre os genitores já estava recrudescido e que, em muitos casos, o transcurso do tempo não tinha curado a situação dos protagonistas da visita. Diante de tanta angústia, senti que algo precisava ser feito. Não poderia ficar inerte diante de corações que,

25. Juíza titular da 3ª Vara de Família e Sucessões do Fórum Regional do Tatuapé, em São Paulo.

evidentemente, estavam sofrendo. Com a ajuda de amigos mediadores (como a Dra. Teresa da Glória Sequeira de Godoy), de forma bem empírica e com a autorização dos juízes responsáveis pelos processos, começamos a oportunizar a mediação para alguns casos. Com alegria, recordo-me de dois casos em que a mediação possibilitou uma aproximação dos pais e efetivação das visitas.

Diante do aprendizado e do desafio que o CEVAT representava – tanto que muitos operadores do Direito comungavam do entendimento que ele precisava ser extinto, o que motivou uma reunião na Escola Paulista da Magistratura para discutir o tema, senti que a mediação seria decisiva em todos os casos de família. Com efeito, percebi que era muito importante oportunizar o diálogo dos pais no início do processo como forma de evitar que a situação ficasse crítica e todos desembocassem no CEVAT.

Foi naquela época que outra amiga, Dra. Rose Vilella, ciente do meu respeito e simpatia pela mediação, comentou sobre o maravilhoso trabalho que o Dr. Adolfo Braga Neto fazia com a mediação. Ela concluiu a conversa ponderando que deveríamos nos conhecer. Em uma reunião posterior, tive a honra de conhecer um coração comprometido com a pacificação social. O Dr. Adolfo trazia uma equipe extremamente competente e ciosa dos princípios da mediação. Afirmo isso porque tive o privilégio de fazer o curso de Mediação proporcionado pelo IMAB – Instituto de Mediação e Arbitragem do Brasil.

De forma simples, traço característico da personalidade do Dr. Adolfo, iniciamos nossa parceria. Convencionamos que os jurisdicionados seriam encaminhados para a mediação nas manhãs de terças-feiras. Conversei com meus amigos Juízes do Foro Regional do Tatuapé e também do vizinho Foro Regional da Penha, inteirando-os da nova plataforma que ficava à disposição deles caso sentissem necessidade. Assim, alguns casos também do Foro da Penha foram encaminhados para a mediação.

Não demorou para que os benéficos efeitos da mediação viessem à baila. Nas audiências que se seguiam com as partes que já tinham participado da mediação, pude perceber que eles estavam mais calmos e muitos me agradeceram por terem sido encaminhados para a mediação. Era gritante a diferença de postura que apresentavam antes e após a mediação. Deveras, num primeiro momento, quando da audiência de tentativa de conciliação, estavam alterados, nervosos e ansiosos por debruçarem suas dores, numa clara demonstração de que eu estava diante de corações ávidos por serem ouvidos e acolhidos. Naqueles casos em que havia necessidade de continuação da audiência (pois muitos resolviam o conflito na mediação), constatei que as partes mostravam-se mais serenas, de forma que era bem mais fácil conduzir a audiência.

Sobre o assunto, importa registrar minha imensa gratidão pela mediação que ocorre neste Foro Regional. Como acalmar corações aflitos que buscam o Poder Judiciário para resolver seus conflitos no exíguo tempo de que dispomos para realizar as audiências? Como acolher pessoas que estão sofrendo sem oportunizar que elas retornem para a mediação depois de digerirem os dados do primeiro encontro? Como alcançar o objetivo insculpido no artigo 3º da Constituição Federal sem a efetivação de parcerias que tenham por escopo a pacificação social? Como demorar os olhos nos protagonistas do drama familiar, se eles precisam estar voltados para as imensas e crescentes filas do processo digital?

Com a experiência suave e exitosa que ocorre nesta Vara, posso afirmar que a resposta a tais questões somente é possível com a efetivação da mediação. Além da satisfação que os jurisdicionados e advogados vêm me relatar após terem participado da mediação, percebi a abrupta diminuição dos processos na Vara. Quando iniciamos a experiência, a Vara contava com 2.800 processos. Em estatística recente, atingimos o número de 639 processos em andamento, anotando-se que, em média, temos uma distribuição de cem processos mensais.

Teria vários exemplos para citar das soluções alcançadas nas mediações. Todavia, para não me tornar exaustiva, gostaria de mencionar dois que muito me alegraram a carreira profissional.

O primeiro caso diz respeito a um casal que se separou e contava com quatro filhos menores. Os pais não tinham diálogo. A mãe estava bem irritada com a situação e não tinha uma boa relação com os filhos. Em relação ao pai, que era carinhoso com os filhos, surgiu dúvida no que tange à higidez mental. Seguiram-se laudos e encarte de incontáveis petições nos autos. Paralelamente, ocorreram algumas reuniões de mediações, sendo que, em razão da confiança que as partes passaram a depositar nos mediadores, elas passaram a procurar os mediadores no Foro para resolver pendências cotidianas. E sempre saíram satisfeitos. Com o encarte do laudo, constatou-se que a Vara da Família não mais seria competente para apreciar o caso, mas, sim, a Vara da Infância e Juventude. Entretanto, tal fato não impediu que o caso fosse solucionado na mediação, informação que recebi em minha sala da própria genitora, que estava extremamente agradecida por ter sido ouvida e se fazer entender na mediação.

No segundo caso, o casal estava discutindo a guarda na 3ª Vara da Família, sendo que a ação de divórcio tramitara em outra Vara. Eles foram encaminhados para a mediação e a visitação foi acordada com a participação da filha adolescente! Embora não tenha ocorrido acordo em tal situação – que, registre-se, não é o fim da mediação –, a genitora relatou que a participação na mediação "humanizou seu divórcio".

Essas esclarecedoras palavras da jurisdicionada me fazem refletir se não seria o momento de o Poder Judiciário buscar a implementação de outras ferramentas que, de fato, permitam alcançar o objetivo de pacificação social. Com efeito, a dinâmica social e a hodierna estrutura do Judiciário (escassez de recursos humanos) estão a exigir a adoção de novas posturas dos operadores do Direito, que não podem olvidar que atrás de cada processo existem corações ávidos por Justiça. Indubitavelmente, o sentimento de satisfação com a resposta do Judiciário será maior quando as partes participam, efetivamente, da construção da solução do problema. Evidentemente, na minha modesta opinião, com a mediação alcança-se tal escopo.

Não se pretende com tais considerações retirar da prestação jurisdicional o seu incomensurável valor. Não. O que se colima é a busca de outras plataformas que, implementadas com fidelidade aos seus princípios e executadas por profissionais valorosos (pois com os corações repletos de respeito ao ser humano), possam auxiliar o Poder Judiciário na sua grandiosa missão.

Entrevista

Dra. Tarcisa de Melo Silva Fernandes

Complementando o seu artigo, a Dra. Tarcisa de Melo Silva Fernandes, juíza da Terceira Vara de Família do Tatuapé, concedeu uma entrevista a Adolfo Braga Neto e Guilherme Assis de Almeida.

Poderia nos contar como foi a sua experiência no CEVAT (Centro de Visitas Assistidas do Tribunal de Justiça de São Paulo) e o que viu lá para abrir sua percepção a respeito da importância da mediação?

Quando a juíza Dora, que cuidava do CEVAT, entrou em férias, ela me pediu para assumir o centro. Ocorre que foi promovida e aí ninguém queria o CEVAT, porque naquela época muitas pessoas não acreditavam nessa proposta, achando que era desnecessária. Só mandavam para lá casos insolúveis, nos quais os pais brigavam muito, em que o acordo entre eles era impossível. Então, acabou ficando sob minha responsabilidade. Aí resolvi ver quais eram os casos. Fiz visitas e a situação me preocupou bastante, porque eram casos muito antigos. Havia pessoas que estavam sendo visitadas há 10 anos, há oito anos. Isso passou a me preocupar ainda mais. Essas crianças estavam crescendo ali, num ambiente muito gelado. O pai que detinha a guarda levava a criança, entregava lá e elas ficavam brincando num salão. Mas o ambiente era triste, as psicólogas estavam sempre tensas.

A primeira providência foi pintar o espaço da visitação, trazer brinquedos e outras ações como estas. Aí decidi contatar juízes, para os casos mais antigos. Eu não era juíza do processo, não tinha competência, mas, por estar no CEVAT, poderia contar com a autorização dos juízes. Nesses contatos, perguntava: "Posso chamar as partes para fazer uma conversa, uma mediação?". E a resposta era "fique à vontade". Eram casos muito pesados, caso que a imprensa noticiava com destaque, sempre mostrando o lado negativo do CEVAT, o quanto não se importavam com a família, o quanto as crianças se machucavam. Lembro-me até de comentários sobre criança que teria sido estuprada. O ânimo das pessoas e o estado emocional estavam tão abalados que realmente se criava mais conflito quando estavam no CEVAT. Tudo isso me assustava, mas me fazia ficar aqui sábado e domingo, o tempo inteiro. Decidi que não queria envolvimento com polícia. Eu tentava resolver e não precisei intervir de maneira impositiva em nenhum caso.

Como tinha muita briga no portão, decidimos criar entradas em portões separados. Assim se evitava que o pai e a mãe se encontrassem, o que vai na contramão de uma harmonização familiar, mas a medida foi adotada para evitar os conflitos. Os casos eram muito rumorosos e não se resolviam. O tribunal mandava frequentemente casos para o CEVAT. De minha parte, pedi para suspenderem o envio, pois não iria ajudar, era só fingir que se estava resolvendo o problema, tirá-lo da frente. Ao mesmo tempo, o setor técnico elaborava relatórios, informando que 'as visitas transcorreram normalmente', e aquilo me preocupou ainda mais. Liguei para a juíza de Santana e ela me disse que podia mexer nos casos dela. Chamei a Teresa [Teresa da Glória Sequeira de Godoy] para me ajudar. O primeiro foi um caso de São José e conseguimos fazer com que eles conversassem. Esse caso saiu do CEVAT.

Podemos afirmar que sua postura lá, vamos chamar assim, era de mediadora?

Todo mundo achava que o CEVAT era algo que tinha que acabar. Todos os juízes. Havia um expediente na Corregedoria para extingui-lo. Ocorreu uma reunião de todos os juízes de Varas de Família, na Escola Paulista da Magistratura, para tratar desse expediente para extinguir ou não o CEVAT. Eu não queria que acabasse. Na reunião, era consenso que tinha de acabar. Quando me deram a palavra, perguntei: "se acabar, o que a gente faz com esses casos?".

Era preciso pensar em outros instrumentos que nos auxiliassem, e eu já havia experimentado o convite para conversar, que ainda não era mediação.

Aos poucos, saindo de uma visão idealista e vendo as resistências que existiam, percebi que o CEVAT não era o espaço institucional adequado para o desenvolvimento da prática de mediação.

Você se lembra de algum caso do CEVAT que tenha encaminhado para a mediação nesse período?

Sim, um caso em que a mãe nunca tinha visto o filho, por exemplo. Mas posso mencionar outro caso que me marcou, porque era outra cidade – São José dos Campos. O pai estava sem ver os dois filhos pequenos, não conversava com a mãe, estava na visita assistida do CEVAT havia muito tempo. Eu convidei, ele e a mãe aceitaram, vieram e conversamos. Choraram comigo. Naquela reunião, eles decidiram que iriam conversar e facilitar os contatos. Não foi bem uma mediação. Foi uma conversa, mas funcionou.

Um dos fatos que me chamaram a atenção foi que o pai disse "nunca pensei que o Judiciário se preocupasse com o que a gente está sentindo". Quando eles percebem que nos preocupamos com eles, com o bem-estar deles, eles se abrem. E acham estranho porque ninguém nunca chamou. Algum tempo depois deixei de ser responsável pelo CEVAT. Decidi, então, que nos meus casos usaria a mediação. Foi a experiência no CEVAT que me trouxe para o lado da mediação.

O conhecimento da mediação só fez você autorreconhecer uma habilidade que já tinha, uma postura diferente que adotava.

Exatamente.

E foi aí que você teve contato com o IMAB e Adolfo?

Nessa época, a Rose [Rosemeire Aparecida Moço Vilella] me disse: "você tinha que conhecer o Adolfo. Vocês têm muito a ver". Nos conhecemos e começamos uma parceria informalmente. Isso foi antes de eu fazer o Curso de Capacitação em Conciliação e Mediação do IMAB, que foi muito gratificante porque eu já estava vendo resultados aqui. Adorei a sistemática de acolhimento, de não querer resolver tudo na primeira vez, a mediação em si mesmo. Antes do curso, muitos colegas me diziam que eu estava sendo boba ou ingênua, que estávamos ali para sentenciar. Mas eu estava vendo os resultados. Mas quando Adolfo conversou comigo, estávamos naquele momento em que só poderia ter mediação se tivesse o CEJUSC.

Tentei instalar o setor de mediação no CEJUSC e me diziam "para de ser boba, não vai dar certo". Nesse momento, foi importante a coragem do Adolfo, dizendo: "Vamos fazer, sim. Vamos em frente". E aí iniciamos. Começou a dar certo. Os casos eram difíceis, mas após várias reuniões as pessoas melhoravam e vinham me agradecer. Continuava aquela descrença inicial, os colegas dizendo que mediação não resolve, que já tinham tentado. E eu dizia: "vocês não conhecem a nossa mediação". Porque havia esse preconceito. Hoje, para resumir, todos os meus amigos que falavam que tínhamos de sentenciar estão pedindo ajuda para mim nos processos, porque eu diminuí muito o número.

Conhecer o trabalho de Adolfo e do IMAB foi muito importante. Sabendo da competência deles e que, quando Adolfo entra, ele não para, então eu falei "estamos juntos". Estava com medo mesmo, por causa da crítica, por parecer infantil ou piegas. Concordei porque sabia que era certo, e ele tinha uma equipe comprometida. Na verdade, eu não conseguiria sozinha. Quando fiz o curso, confirmei como era sério o trabalho. Lembro-me de Adolfo destacar a necessidade de seguir os princípios do IMAB.

Quando começamos, corriam notícias sobre casos difíceis sendo solucionados, apareciam muitos mediadores aqui, querendo atuar. Porém desde o início, estabelecemos uma regra: a porta de entrada é pelo IMAB, com quem temos parceria. Porque eu tinha a preocupação de manter a mesma linha.

Como funciona esse trabalho com os mediadores do IMAB? Tem algum convênio, algum documento?

Não tem nada, nenhum documento. Começamos sem regra e funcionou. O trabalho hoje anda sozinho. Nem me preocupo.

O trabalho não incomoda porque produz excelentes resultados. Você acha que existe uma diferença entre hoje e cinco anos atrás no que se refere à "cultura da sentença"?

Muita diferença. Porque esses processos difíceis são passados para a mediação e o juiz fica tranquilo, podendo estudar e cuidar dos outros processos. E aquelas pessoas são acolhidas. Isso não tem preço. Eu não teria o tempo que os mediadores têm, nem o coração que eles têm para ouvir. A equipe é completa e eu confio.

O que são casos difíceis? Poderia narrar um?

Casos em que não existe diálogo, um não quer ver o outro. Às vezes tem violência doméstica e mesmo assim eu mando vir para cá. Eles conversam e se entendem na mediação. Retomam uma relação. Eles voltam para agradecer porque foram escutados.

Ou seja, o trabalho da mediação é complementar ao trabalho de juíza?

Sim, tanto que, se tiver um acordo e acabar o processo, algumas vezes eu mando também para a mediação. Isso acontece quando percebo que o conflito permanece. Por exemplo, um acordo de alimentos foi fechado, mas continuam em atrito. Não falaram tudo que tinham de falar. Isso significa que vai dar problema de novo, pois a relação entre eles não está harmônica. E sabem o que é mais curioso: depois eles querem fazer outro acordo!

Como você vê a postura dos advogados diante da mediação?

Depois que eles falaram tudo na audiência, sem resultado, normalmente eu faço um convite para conhecer esse instrumento, que tem apresentado excelentes resultados. Digo "vocês já ouviram falar da mediação, é um momento para vocês conversarem, tem facilitadores do diálogo?". No primeiro momento, não veem como uma ideia viável, mas quando vão conhecer e veem a transformação, eles dizem "Doutora, parabéns! É fantástica a sua mediação". Há um momento inicial de descrença. Mas quando conhecem, na prática, agradecem. Isso acontece com a maioria das pessoas. Não me lembro de alguma pessoa ter me falado que a mediação não deu certo. Ninguém pede para nunca mais mandar um caso para lá. Nunca ouvi uma reclamação.

Um caso muito interessante envolveu uma advogada mediadora. Ela estava advogando para um pai que tinha duas crianças. A mãe falecera e a avó entrou pedindo a guarda das crianças, dizendo que o pai as estava maltratando. A advogada era bem combativa, tinha feito uma tentativa de conciliação, mas a avó materna e o pai não se davam. Começamos a conversar e ela sempre com uma postura bem combativa. Vi que não convinha às crianças tirar a guarda do pai, então fiz o convite para a mediação. Ela se irritou e disse: "Doutora, eu sou mediadora do João Mendes. Esse caso não vai dar certo". Depois, ao final, ele me cumprimentou pela mediação feita, destacando que era realmente diferente e já querendo participar. Isso acontece muito: pessoas que não acreditam e, quando veem como funciona, passam a elogiar.

Um dos casos emblemáticos que você narra no seu artigo é o do casal que tinha 4 filhos menores, mas não havia mais

diálogo entre eles, a mãe estava bem irritada e havia uma questão de higidez mental do pai. Pode detalhar mais?

O interessante é que ele, mesmo com problemas diagnosticados, vinha aqui e pedia para participar da mediação. Entendeu a mediação e disse: "pode ficar tranquila, doutora, eu entendi, eu vou ajudar a minha ex-esposa". Ele não tinha condições de ficar com quatro crianças. O laudo dizia isso. Mas a mãe, além de ausente, batia nelas. Quando nem pai nem mãe podem ficar, sai da competência da família, porque não tinha nenhum outro familiar. O caso foi encaminhado para a Vara da Infância.

Mas eles continuaram vindo aqui na mediação. Não foi resolvido na Infância. Ele resolveu ajudá-la, alugou uma casa e os dois ficaram juntos para cuidar das crianças. Ela começou a trabalhar e até veio aqui me trazer um presente, dizendo "sei que a senhora não precisa disso, mas eu quero agradecer".

E o outro caso que está no artigo?

Esse era um casal com bom poder aquisitivo, tanto que a questão era a partilha de uma vultosa quantia. Não tiveram acordo na 1ª Vara e a questão da guarda caiu aqui. Eram pessoas esclarecidas. Mandei para a mediação e lá tiveram a feliz ideia de chamar a filha, que era menor, porque na conversa com os pais ela teria dito "Como é que vão decidir a minha vida e não vão me ouvir?". Então, foi feito um acordo que envolveu um regime de visita que a filha aprovou, para respeitar a rotina dela, principalmente a escolar, que era muito pesada. Vejam só como a mediação abre possibilidades de conversa. Os pais respeitaram a vontade da menina, homologuei o acordo nos termos com os quais eles concordaram. Só remanesceu a questão da guarda para decidir, porque ele queria compartilhada e ela unilateral. A advogada do pai não queria homologar esse acordo, por causa da guarda, e eu fiz por partes. Na questão das visitas, foi respeitada a vontade da menina, remanescendo a questão da guarda. Fiz duas tentativas de acordo, bem demoradas, mas não foi possível. Na mediação, a própria família conseguiu desfazer o nó.

O interessante é que vocês não estão fazendo uma prática contra a *Lege*. Vocês seguem o espírito do NCPC, que tem um espírito não adversarial? Vocês trabalham nesse espírito de cooperação?

E também da humanização. Isso me chama muito a atenção porque sinto que as pessoas estão cansadas, com a situação quase resvalando num descrédito judicial.

É preciso buscar formas de tornar a justiça célere e eficiente. Mas não dá para ignorar que tem sentimentos ali. Não podemos deixar de ouvir. O problema é que o Judiciário não tem esse tempo. Felizmente apareceu a mediação, e aí me sobra tempo.

Tem mais algum aspecto que gostaria de ressaltar em relação à mediação?

Vou relatar um fato recente que aconteceu, no qual a mediação contribuiu para que tivéssemos um bom resultado. Fui ao Tribunal, porque estávamos com um funcionário só e ele estava ficando doente. Como aqui tem muito acordo, arquivamos os processos. Não ficamos, como acontece algumas vezes, acumulando processos para então pedir reforço na equipe. Mas precisei ir lá solicitar funcionários. Quando cheguei, pedi para falar com o presidente. A juíza responsável por funcionários me pediu para adiantar o assunto com ela e relatei o problema. Ela começou a ver o número de processos que arquivamos e perguntou: "Como é que vocês arquivam tanto?". Expliquei que era pelo uso da mediação. Aí ela disse que uma resolução recente do CNJ estabelece que o envio de funcionários para as Varas se daria não pelo número de processos, mas pelo número de arquivamentos. Foi uma notícia ótima, pois já ouvi muitas vezes "por que você arquiva? Não vai vir funcionário..."

A juíza nos levou para o presidente, já dizendo que o nosso pleito era justo. Na hora, ele decidiu mandar funcionários. Quando chegaram, os outros juízes começaram a perguntar: "o que você fez para conseguir?".

Expliquei que, em lugar de seguir quem me sugeria não arquivar porque o Tribunal iria ver que eu tinha poucos processos e poderia até extinguir a Vara, eu decidi trabalhar com seriedade.

A mediação no Fórum do Tatuapé na visão de supervisores e mediadores

Desde que a mediação passou a ser oferecida como possibilidade para a solução de conflitos na 3ª Vara de Família e Sucessões do Fórum do Tatuapé, em 2013, mais de setenta pessoas estiveram envolvidas com a prática no local, atuando como supervisores ou mediadores.

Este capítulo traz os seus depoimentos em relação a diversos aspectos, que vão desde a satisfação pessoal trazida por essa atuação até a forma como avaliam a receptividade dos advogados à mediação.

Deve ser destacado que, até meados de setembro de 2018, quando o conteúdo deste livro foi fechado, foi superior a 1.000 o número de processos de mediação realizados ali, ou seja, cerca de 200 ao ano, num total de mais de 10.000 horas de mediações efetivamente desenvolvidas. A grande maioria das mediações consistiu e consiste em uma a no máximo oito reuniões, variando, no período da manhã, de uma hora e meia a duas horas cada uma, e no período da tarde, uma hora a uma hora e meia no máximo. Quanto à duração média de cada mediação, variou de 1,5 hora a um mês e meio, sendo que poucas mediações alcançaram seis ou mais meses, muitas vezes por força da dificuldade de agenda dos mediandos ou entendimentos experimentais (acordos provisórios) que eventualmente desenvolveram ou possam desenvolver. Nota-se nestes breves dados que não há referência a acordos. Tal fato se explica por não ser o objetivo almejado pelas cinco equipes de mediação, pois a própria juíza Tarcisa de Melo Silva Fernandes atribui a diminuição de feitos em seu juízo à implementação da mediação.

Funcionamento básico (*modus operandi*)

As mediações acontecem sempre às terças-feiras, com algumas exceções para atender à necessidade dos mediados. O início foi no dia 03 de setembro de 2013, sendo desde então marcadas duas mediações pela manhã (09h00 e 11h00) e duas à tarde (14h00 e 16h00). A partir de junho de 2014 passou a haver mais uma mediação na parte da tarde, às 15h00.

No período da manhã, as mediações são processuais, isto é, existe um processo judicial em curso, cujos prazos são suspensos por determinação da juíza da 3ª Vara de Família e Sucessões, numa tentativa de proporcionar o vivenciar de um outro processo mais informal, do qual o diálogo constitui a base, tendo como pressuposto a autonomia plena de seus futuros participantes.

Essa mesma lógica é desenvolvida no período da tarde, muito embora com um tempo menor, diante das determinações legais previstas pela Lei nº 5.478/68 (lei de alimentos), que prevê um momento de autocomposição antes do julgamento pelo juízo.

Convém lembrar que essa lei fala de alimentos de maneira genérica, proporcionando ao credor um procedimento mais célere com a tentativa de composição direta com o devedor e, na impossibilidade, a decisão do juiz togado a ser dada em audiência de instrução e julgamento prevista próxima à data da formalização do pedido de alimentos.

Período da Manhã

"Partimos do princípio de que o propósito impulsiona a prática. E o nosso propósito é cuidar das pessoas.

A preparação das mediações já se inicia quando paro na padaria próxima ao Fórum do Tatuapé para tomar um cafezinho com leite (de coador) e comprar bolo, pão de queijo e mini-croissants com a intenção de proporcionar um ambiente agradável e acolhedor tanto para os mediadores como para os mediados. Chegando ao Fórum, arrumamos uma mesa com café e os quitutes.

Quando iniciamos, em 2013, a mesa usada pela mediação era redonda. Atualmente, é retangular. Por isso, para as reuniões de mediação a viramos a fim de evitar a formação em T, maneira normalmente utilizada pelos juízes para suas audiências de conciliação, instrução e julgamento. Ainda a cobrimos com flores para tapar as marcas de autor e réu. A intenção, ao alterar a disposição de parte do mobiliário, é a de proporcionar um ambiente acolhedor para os mediados, bem como estimular comportamento colaborativo por parte da equipe de mediadores.

Temos uma agenda na qual os casos são anotados pela juíza Dra. Tarcisa de Melo Silva Fernandes. Nessa agenda são anotados os nomes e telefones das pessoas sugeridos por ela para mediação. Os telefones são anotados com a finalidade de contatarmos as pessoas para confirmar suas presenças na mediação. Essa confirmação é feita por telefone ou Whatsapp, sempre em data próxima, normalmente na sexta ou segunda-feira anterior à terça-feira em que foi marcada. Nota-se pelo fluxo do encaminhamento de pessoas na agenda inexistir triagem prévia dos casos, todos em distintas fases do processo.

Durante o contato para confirmação, as pessoas podem solicitar mudança na data prevista, comunicar suas indisponibilidade ou mesmo manifestar o desejo de não comparecer. Muitas perguntam o que é a mediação, o que vai acontecer lá e se são obrigadas a ir. Então, nesse contato tenho a oportunidade de fazer uma espécie de pré-mediação telefônica, explicando e esclarecendo eventuais dúvidas.

Quando as pessoas chegam para a mediação, elas aguardam numa sala de espera, onde os mediadores vão buscá-las.

O primeiro momento é o da pré-mediação presencial, feita individualmente com cada mediado. Eles são esclarecidos sobre todo o processo da mediação e decidem se querem ou não participar. Os advogados, quando presentes, também são convidados a participar desse momento preparatório, chamado de pré-mediação. Após esse momento iniciamos a mediação, com duração aproximada de duas horas.

Com a concordância dos mediados podemos marcar outras reuniões, e são eles que vão definir quantas serão.

Essas reuniões são anotadas por mim na mesma agenda, e da mesma forma confirmadas próximo à data. Muitas vezes as pessoas precisam mudar a data e sempre agradecem muito pelo contato.

Quando uma das pessoas não comparece, essa pré-mediação é feita com aquele que compareceu e, se ele aceitar, insistimos em contatar a pessoa que faltou, a fim de verificar a possibilidade de marcar nova data.

Ao final de cada reunião de mediação é feito um Termo de Mediação, no qual constam o número do processo, o nome das pessoas e o que resolveram:

- Não dar continuidade em nova reunião de mediação;
- Dar continuidade em nova reunião de mediação em data possível para as pessoas;
- Dar continuidade em sessões individuais também em datas possíveis;
- Presença e ausência, quando um dos mediados não comparece;
- E, no final da mediação, se as pessoas construíram uma solução, transcrevemos no Termo de Acordo Resultante da Mediação aquilo que eles resolveram de comum acordo.

Colocamos sempre a mediação à disposição dos mediados para retornarem a qualquer momento que entenderem necessário.

Embora estejamos no Judiciário, na sala de mediação já preparada, oferecemos aos mediados água, café, bolo... Ou seja, um ambiente acolhedor e informal".

Teresa da Glória Sequeira de Godoy

* * * * *

"A cada 15 dias, às terças, no período da manhã, nos dedicamos a atender os casos de mediação, já judicializados em casos de família, envolvendo guarda de filhos, alimentos, partilha de bens, entre outros.

A equipe multidisciplinar atende sempre em comediação, com observadores em reuniões que duram em média duas horas e que são repetidas a critério e de acordo com os interesses dos mediados, o que acaba gerando em média em quatro reuniões.

Um dos times, capitaneado por Adolfo Braga, segue a mediação transformativa, inspirada pelos grandes mestres Bush e Folger, fazendo com que os participantes sejam os verdadeiros protagonistas do procedimento, auxiliados pelos comediadores terceiros, mediadores, imparciais e independentes, que se utilizam de técnicas para contribuir para que transformem a interação entre elas, na sua maioria espelhamento, resumo, escuta ativa e verificação.

A equipe desenvolve uma mediação cuidadosa e especial, observando zelosamente todos os princípios básicos da mediação: imparcialidade do mediador; isonomia entre os mediandos; oralidade; informalidade; autonomia da vontade; busca do consenso; confidencialidade, decisão informada e boa fé.

O grande diferencial da mediação na 3ª Vara de Família do Fórum do Tatuapé em relação aos CEJUSCs é que as reuniões respeitam e seguem o ritmo e necessidade de seus protagonistas, duram em média duas horas, como dito acima, ao contrário dos 15 minutos que se vivencia nos CEJUSCs; atendem a agenda de interesse dos participantes; são utilizadas comediações; a equipe multidisciplinar troca experiências para melhoria, evolução e eficiência de atendimento, respeitada a confidencialidade; são utilizadas reuniões privadas e pré-mediações em separado. Enfim, uma mediação de alta qualidade à disposição das partes.

Assim, o programa desenvolvido no Tatuapé respeita o protagonismo das pessoas e o tempo delas.

Efetivamente, o programa atende os anseios e lições de Joseph Folger[26], pois a mediação praticada gera:

1. O estímulo para os cidadãos assumirem mais responsabilidade ao enfrentarem seus conflitos;
2. O apoio à habilidade dos cidadãos de lidar com as diferenças que surgem em empresas, bairros, locais de trabalho e comunidades, colaborando na capacitação para que enfrentem conflitos complexos;

26. FOLGER, J. P. "A evolução e avaliação da mediação no Brasil: questões chave para analisar o projeto e a implementação da prática", In BRAGA NETO, Adolfo. *Mediação – uma experiência brasileira*. São Paulo, CLA, 2017, p. 71 a 86.

3. O aumento na eficiência no Judiciário, que inclui economia de tempo e despesas, reduzindo a quantidade de casos presentes no sistema;
4. Maior eficiência, ao reduzir o tempo que os cidadãos precisam para terem seus casos atendidos, e maior economia, por não terem os gastos legais de recorrerem ao Judiciário;
5. Possibilita justiça social por meio do desenvolvimento da comunidade e envolvimento dos cidadãos nas suas próprias questões e conflitos; e
6. Permitir que as pessoas encontrem suas próprias soluções criativas.

Atende também as diretrizes da mediação transformativa de Folger:

- Esclarecer a sociedade sobre a distinção dos diversos métodos de resolução de conflitos, ressaltando que a mediação tem por características a autodeterminação das pessoas e o potencial humanizador do diálogo;
- A prática da mediação incorpora suas características principais que fazem dela um método único e diferenciado na intervenção do conflito.

Assim, os mediadores são treinados para se sentirem confortáveis com interações difíceis e conflituosas dos mediandos. Lidam com esta interação ao invés de barrá-la. Os mediadores permitem que os mediandos controlem e discutam aspectos importantes do processo de mediação, apoiam as escolhas dos mediandos a respeito do que querem discutir e negociar. Os mediadores seguem proativamente a discussão sem procurar liderar ou controlar a conversa e abrem a discussão tratando das diferenças entre as partes, em vez de focar apenas no que é consenso ou há concordância. Os mediadores intervêm de maneira que ajudam os mediandos a se escutarem."

Christiana Beyrodt Cardoso

* * * * *

"Na 3ª Vara de Família e Sucessões do Fórum Regional do Tatuapé é possível colocar em prática a teoria aprendida no Curso de Capacitação em Conciliação e Mediação do IMAB, vivenciando os ensinamentos e percebendo que as pessoas, se quiserem, podem encontrar, por elas mesmas, um caminho para a solução dos conflitos que vivenciam. A iniciativa dos integrantes do IMAB, a juíza da 3ª Vara de Família e Sucessões do Fórum Regional do Tatuapé (Dra. Tarcisa de Melo Silva Fernandes) e a coordenação precisa e delicada da supervisora Teresa Godoy formam o tripé balizador das mediações realizadas nesse Fórum.

Complementando o trabalho, há a participação assídua dos mediadores, todos com comparecimento voluntário, e principalmente dos mediados, que são convidados a participar da mediação e são fundamentais para o constante aprimoramento, desenvolvimento e enriquecimento dessa forma alternativa de solução de conflitos.

Na mediação, percebe-se que os mediados querem ter a oportunidade de falar e ser ouvidos.

Quando os mediados aceitam participar da mediação (há necessidade desta manifestação de vontade porque são convidados a participar e estão livres para interromper o procedimento a qualquer momento), percebe-se que existe uma possibilidade para a solução daquele conflito porque ficam abertos a tentar dialogar, a tentar, por eles mesmos, encontrar um formato novo para o que vivenciam, e percebem, muitas vezes, que podem decidir seus caminhos.

O encontro da mediação é muito especial quando os mediados conseguem se ouvir e dialogar, falar do passado e pensar no futuro, e, melhor ainda, se juntos encontram uma possibilidade de solução dos conflitos.

O papel do mediador é importante, sem julgar nem opinar, mas possibilitando que os mediados possam desenvolver um diálogo, promovendo a interação, conscientizando-os do papel de cada um, resgatando a responsabilidade e fortalecendo os vínculos, que, em muitos casos, envolvem relações familiares que não deixarão de existir, pois são pais, filhos, irmãos, tios e avós".

Ana Cristina Abreu de Moraes

* * * * *

"No Fórum do Tatuapé, os princípios da mediação são aplicados na íntegra. Como primeira etapa, ocorre a pré-mediação, na qual os futuros participantes são informados e esclarecidos sobre o que é a mediação, como acontece e, de suma importância, são questionadas quanto à sua vontade de participar do processo (princípio da autonomia da vontade).

Importante ressaltar que eu tinha uma visão de que a pré-mediação era apenas um protocolo para dar início à mediação. No decorrer do período do estágio, pude perceber o quanto a pré-mediação é de fato decisiva para que a mediação ocorra. A forma do acolhimento, o olhar a pessoa e não o conflito, a escuta empática, que empregamos na pré-mediação, são determinantes para termos ambiente para a mediação."

Elisabete Martins

* * * * *

"Tudo se inicia com a preparação de um ambiente de tranquilidade possibilitado pela juíza de Direito, Dra. Tarcisa de Melo Silva Fernandes. Diretamente com ela tive pouco contato, mas foi o suficiente para saber de seu comprometimento e confiança na equipe de mediação, a quem ela concede total liberdade de atuação.

O convênio do IMAB com a 3ª Vara de Família do Tatuapé é, pois, a prova de que a mediação vem para somar: se, por um lado, há casos em que a intervenção do Estado-juiz é indispensável, por outro lado, há muitos outros casos em que é um imperativo que as pessoas se responsabilizem pelos próprios conflitos e respectivas soluções, tendo em vista sempre as próprias necessidades e possibilidades por elas mesmas analisadas.

Ora, o direito ao acesso a uma Ordem Jurídica Justa não se restringe ao mero acesso ao Poder Judiciário; é preciso que a justiça seja feita, de forma justa. Embora pareça uma tautologia, não o é, na medida em que, quando um conflito é levado ao Judiciário, o tradicional sistema adversarial (ou processo judicial) conjugado com a morosidade processual acentua a animosidade entre as partes, polarizando-as de tal forma que alguma delas fatalmente se sentirá injustiçada, quando não ambas. Ou seja, o processo dificilmente promove a pacificação social.

Nossa sociedade precisa adquirir a percepção de que muitas vezes os conflitantes são os mais indicados para resolver suas questões, pois são eles que conhecem a própria realidade e, portanto, que têm melhores condições de avaliar a solução mais adequada para o caso. Trata-se de uma gestão diferenciada do conflito, em que, sob o olhar atento do mediador, os envolvidos aprendem a lidar com a origem do conflito, de modo que todas as questões a ele inerentes sejam levantadas e trabalhadas.

Não é por acaso que a Resolução nº 125/2010 tem por pressuposto expresso o direito constitucional de acesso à justiça, fincando-o na necessidade de consolidar uma política pública permanente de incentivo e aperfeiçoamento dos mecanismos consensuais de solução de litígios e, para tanto, um ambiente onde a comunicação se estabeleça é indispensável.

No caso do Tatuapé, este ambiente fica ainda mais amistoso com o acolhimento da querida coordenadora Teresa da Glória Sequeira de Godoy, cuja atividade vai muito além da questão prática de organização das mediações. É a nossa grande anfitriã, que recebe a todos com os apetitosos lanches carinhosamente por ela montados, além de também atuar como mediadora.

É neste contexto amistoso que nossos papéis são deliberados: quem fará a pré-mediação, quem dará andamento ao processo mediativo e, por fim, quem fará a observação de tudo. Em quaisquer destas posições, a cumplicidade e o respeito entre os mediadores são imperativos que, no decorrer dos dois anos em que lá estive, nunca vi sendo afrontados.

Assim, definidas as funções de cada um, abre-se espaço para a chegada dos protagonistas da nossa atividade: os mediandos encaminhados pela Dra. Tarcisa, sempre que ela identifica a necessidade de reestabelecimento de comunicação."

Ana Regina Campos de Sica

* * * * *

"O processo tem início com a realização de pré-mediações em separado com os futuros participantes, acompanhados ou não de seus advogados. Nesse momento, os mediadores explicam o procedimento da mediação, esclarecendo eventuais dúvidas e ouvindo dos mediandos se eles entendem cabível a mediação para seu caso em particular, tudo isso com o objetivo de permitir que eles tomem uma decisão informada, espontânea e voluntária.

Apenas se ambas as partes manifestarem interesse em participar da mediação é que ela terá efetivamente início, em reuniões em conjunto ou em separado (*caucus*), conduzidas, a partir de então, por mediadores diversos daqueles que realizaram a pré-mediação, com o objetivo de assegurar a maior imparcialidade possível dos colaboradores.

A maioria dos mediadores opta por não acessar os autos que originaram a demanda, para resguardar sua imparcialidade e mesmo para evitar qualquer contaminação da sua atuação, sendo certo, ainda, que a mediação não se restringe unicamente às questões tratadas no processo, podendo abranger outras demandas trazidas pelos mediandos – são eles, a partir de sua voluntariedade e iniciativa, que delimitam a matéria sobre a qual versará a mediação e, por conseguinte, a atuação do mediador."

Priscila Domenice

* * * * *

"A possibilidade de as partes terem um espaço para conversarem durante duas horas sempre se mostrou um diferencial nas mediações realizadas na 3ª Vara de Família e Sucessões do Fórum do Tatuapé. Além disso, as mediações ocorrem em mesas redondas e, portanto, os mediados não ficam frente a frente, como usualmente ocorre em uma audiência. Entendo que é uma forma de deixar o ambiente mais promissor para que as pessoas exponham suas opiniões, sem se sentirem confrontadas.

Antes de cada reunião de mediação, os supervisores, mediadores e estagiários decidem conjuntamente quem fará a pré-mediação, quem atuará como mediador/comediador e quem assistirá apenas como observador.

A pré-mediação é o primeiro contato dos mediandos com o processo, e, por isso, na minha visão, o acolhimento nessa fase se mostra muito importante. É neste momento que os mediadores explicam o procedimento de mediação e seus princípios. Normalmente fazemos a pré-mediação de forma separada, primeiro de uma parte, depois da outra.

Após cada um dos futuros participantes confirmar a intenção de prosseguir com a mediação, os mediadores assumem o procedimento. Como serão outros mediadores nesta fase, costuma-se reforçar alguns pontos já tratados pelos comediadores.

Uma vez mais, é necessário que o mediador proporcione momentos de conforto e reflexão, deixando bem claro que a solução do conflito caberá aos mediandos, e que o papel do mediador é o de facilitar a comunicação entre eles.

Durante o tempo da reunião, os mediandos podem trazer quaisquer assuntos que entenderem conveniente, mesmo aqueles que não fazem parte do objeto da ação que os levou até aquele momento".

Paula de Magalhães Chisté

* * * * *

Período da Tarde

"A parte da tarde é dedicada a Alimentos de Balcão. O agendamento de três mediações é feito pelo cartório da 3ª Vara de Família e Sucessões.

Seguindo a lei especial de alimentos, o representante legal do menor em busca da pensão alimentícia é atendido no cartório da Vara de Família, momento em que é formalizado seu pedido e marcada data para realização da mediação.

Aqui cabe ressaltar que, na 3ª Vara de Família e Sucessões do Fórum do Tatuapé, são marcadas mediações com intervalo de uma hora, uma verdadeira conquista, que só foi possível graças à sensibilidade da Dra. Tarcisa de Melo Silva Fernandes.

Assim, o mediador tem melhores condições para acolher, escutar e estimular o diálogo entre as pessoas.

No momento da mediação as pessoas podem falar sobre os temas que quiserem, e elas sempre trazem, além do pedido de pensão, várias outras questões do relacionamento entre elas.

A mediação não busca o acordo simplesmente. Ao contrário, ao estimular o diálogo, busca que as pessoas compreendam a importância da comunicação e possam construir juntas o valor da pensão alimentícia a ser paga por um dos pais ao(s) filho(os). Dessa forma, o acordo com o valor construído e compreendido pelas pessoas evitará que novas ações sejam movidas, como, por exemplo, a execução por falta de pagamento.

Ao final de cada mediação é feito um Termo de Audiência, por um funcionário da Vara, que é homologado pelo juiz em caso de acordo, ou é marcada audiência de instrução quando não há acordo.

Quando comparece apenas uma das pessoas, fazemos o seu acolhimento e nesse momento é feita uma pré-mediação. Em todos os casos, não perdemos a oportunidade de acolher e ouvir as pessoas.

Também não perdemos a oportunidade de falar sobre a mediação, contribuindo para uma mudança efetiva na cultura da judicialização/terceirização dos conflitos, ressaltando que a mediação acredita que as pessoas são capazes de encontrar, sim, soluções para seus conflitos."

Teresa da Glória Sequeira de Godoy

* * * * *

"Na Terceira Vara de Família do Fórum Regional do Tatuapé, a pedido da Dra. Tarcisa de Melo Silva Fernandes, nos dispusemos a atender aos casos denominados Alimentos de Balcão. São os casos em que o jurisdicionado se dirige diretamente ao Cartório da Vara de Família, solicitando que o pai/mãe seja intimado a pagar alimentos para os filhos, que estão sob sua guarda. É um procedimento mais célere por tratar de alimentos, previsto pela Lei nº 5.478/63. Nele se prevê um momento inicial de tentativa de autocomposição, antes da decisão a ser dada pelo juiz, caso o entendimento não seja alcançado. Muito embora o tempo não seja o ideal e existam algumas dificuldades, os supervisores, mediadores e mediadoras desenvolvem a mediação propriamente dita."

Agenor Lisot

* * * * *

"Cerca de um ano após a parceria do IMAB com a 3ª Vara de Família e Sucessões do Tatuapé, fomos solicitados a fazer mediações nos casos de alimentos de balcão. Quando começaram a ser marcadas, foi nos passada a tarefa de chegar a um valor, por se tratar de um assunto urgente. Tal tarefa foi um grande desafio para nós.

Cabe aqui diferenciar, em linhas gerais, mediação de conciliação. A conciliação é um procedimento mais célere, restringindo-se a uma reunião entre as partes e o conciliador. O foco é o acordo, e dessa forma é mais eficaz nos casos em que não há um relacionamento significativo entre as pessoas, como em acidentes de trânsito. Por um infortúnio, as pessoas tiveram contato no acidente e procuram, tão somente, pôr fim ao litígio judicial. Por ser um procedimento mais rápido, é permitido ao conciliador fazer sugestões com o intuito de se alcançar a composição, levando as partes a refletirem se valeria a pena se enfrentarem de forma litigiosa. A mediação, por sua vez, visa fortalecer a comunicação entre as pessoas, de forma que o acordo passa a ser somente uma consequência, e não o objetivo. É indicada quando há um vínculo entre as pessoas, como nas relações familiares, sendo necessárias algumas reuniões entre as pessoas envolvidas no conflito e o mediador. Nesse sentido, o mediador tem tempo de conhecer mais profundamente a relação entre os mediados, sendo vedado a ele apresentar sugestões.

Nas terças à tarde, passaram a ser marcadas de três a quatro mediações de alimentos, com uma hora de duração. Iniciamos os encontros nos apresentando como mediadores e informando que nosso papel é facilitar a comunicação e que aquele era um espaço para conversarem sobre qualquer assunto, mas que tínhamos um objetivo, chegar a um valor de pensão alimentícia para a criança, ou as crianças. Nesse sentido, empreendemos a mediação efetivamente, pois acabam por tratar de temas importantes para eles e, eventualmente, resgatam a comunicação.

Importante ressaltar que, quando se chega a um acordo, em se tratando de processos eletrônicos, o funcionário do Fórum entra em contato com a juíza, que logo o homologa. Não se alcançando o acordo, uma audiência de instrução e julgamento já é designada e, nesse meio-tempo, o alimentante poderá contestar a ação e continuar pagando os alimentos provisórios estabelecidos pela juíza. Recentemente, foi aberta a possibilidade de remarcarmos a mediação, deixando claro que o valor dos alimentos provisórios continuava em vigor."

Joyce Cristina de Oliveira Rezende

* * * * *

Os desafios e a satisfação pessoal em participar

"Desbravar, dentro do Judiciário, um caminho que prioriza o sentimento das pessoas e não apenas o que está escrito em um processo tem sido um verdadeiro desafio aos que acreditam na mediação como uma forma humanizada de se lidar com conflitos.

O IMAB – Instituto de Mediação e Arbitragem do Brasil , do qual sou diretora e supervisora, além de mediadora, tem esse norte há mais de 20 anos e o que se iniciou como uma ideologia na prática aufere significativos resultados que vão muito além do que consta em um processo judicial, como se tem constatado pelo trabalho realizado no Fórum Regional do Tatuapé.

Há 5 anos, quando a Dra. Tarcisa de Melo Silva Fernandes convidou o IMAB a realizar o trabalho de mediação dentro do referido Fórum, reunimos uma equipe capacitada e comprometida a disseminar os princípios de um método de resolução de conflitos embasado no diálogo, na cooperação, na autonomia da vontade e na busca de soluções que efetivamente atendessem aos interesses dos envolvidos.

Conhecedora das particularidades da mediação, Dra. Tarcisa nos reservou uma sala adequada ao exercício do trabalho e, a par de estarmos dentro de uma área de jurisdição, foi nos dada liberdade para agirmos de forma independente e confidencial, primordiais à função do mediador.

E, com muito entusiasmo e disposição para difundir nossos ideais, começamos a atuar no Judiciário, com a participação de advogados nos procedimentos, alguns desconhecedores da mediação, e lidando com pessoas implicadas em processos judiciais, não acostumadas a falar de seus problemas, por si mesmas".

Maria Cecilia Carvalho Silva Tavares

* * * * *

"Nestes 5 anos de mediações atuando como mediadora no Fórum Tatuapé, mas também com visão de advogada, pude notar a evolução no pensamento e na vontade dos colegas advogados em colaborar com o processo de mediação, muitas vezes nos auxiliando no acolhimento das partes e na condução do processo até seu final, que nem sempre termina em acordo, mas muitas vezes faz com que as partes se escutem e iniciem um relacionamento mais harmonioso.

Esse processo de trabalhar como mediadora também me abriu caminho para utilizar a mediação tanto na vida profissional como advogada, como na vida pessoal, na convivência em família, no local onde vivo e com os amigos, trabalhando a aproximação com as pessoas, na tentativa de facilitar o diálogo para melhor compreensão do conflito.

Enxergar com ótica de pacificação é o que estamos vendo ao longo desse lindo trabalho que é feito, no qual as luvas de boxe são trocadas por entendimentos e encontros pelas próprias pessoas de soluções mais justas, buscando sempre o aspecto social do relacionamento humano, e isso é o princípio da mediação que se pratica no Tatuapé.

Busco como mediadora e como advogada incentivar a cultura da mediação e o que posso dizer é que, depois de 5 anos, a mediação tem se tornado entre os advogados uma alternativa cada vez mais efetiva na resolução dos conflitos. Cada vez mais a estão aplicando nos casos permitidos e estão aprendendo a incluir os métodos adequados de solução de conflitos, como a mediação, entre as possibilidades a serem oferecidas a seus clientes, enxergando uma saída melhor e mais eficaz para atendê-los.

Como disse o ministro Luis Roberto Barroso, do Supremo Tribunal Federal (STF), em palestra no dia 11 de agosto de 2016, no 7º Congresso Brasileiro de Sociedade de Advogados, em São Paulo: 'O advogado do futuro não é o que propõe uma boa demanda. Mais, aquele que a evita. As medidas extrajudiciais de resolução de conflitos estão se tornando uma realidade a cada dia e vão impactar nas funções do advogado, que passará de defensor a negociador.'"

Rosemeire Aparecida Moço Vilella

* * * * *

"Além de acreditarmos no potencial da mediação como instrumento de solução de conflitos, sentimos o prazer de participar deste processo de reconhecimento da importância da mediação nos dias de hoje.

Estamos assistindo ao sorriso no rosto dos que ali estiveram e conseguem mostrar um semblante suave de quem vê novas perspectivas na vida".

Mariângela Franco Coelho e Teresa Cristina França Pinheiro Machado

* * * * *

"Nem sempre é fácil abster-se de pré-julgar situações ou pessoas, ou ter uma opinião sobre determinado tema trazido ao encontro de mediação, e esse é um dos maiores exercícios que faço na posição de mediadora.

A mediação é desafiante, e ao mesmo tempo reforça valores, respeito ao próximo, reforça o saber ouvir e falar. Este aprendizado acrescentou muito, inclusive na minha vida pessoal."

Ana Cristina Abreu de Moraes

* * * * *

"A participação em uma reunião de mediação é uma grande satisfação, pois me sinto útil fazendo com que os participantes consigam dialogar, além de possibilitar meu desenvolvimento pessoal."

Alvaro Siviero

* * * * *

"Este modelo praticado no Tatuapé e defendido por Folger para o desenvolvimento da mediação no Brasil é de extrema importância para o futuro de boas práticas.

Sabe-se que hoje, em vista do número de processos, a grande maioria das mediações judiciais, por exemplo, é marcada para curto espaço de tempo, em média 20 minutos (o que se mostra insuficiente para um processo tão valioso e cuidadoso), os *stakeholders* aparentam estar mais preocupados com os resultados de acordos, que nem sempre valorizam o trabalho do profissional mediador e o cuidado em sua escolha ou capacitação.

Hoje, a grande maioria dos mediadores que atuam no Judiciário não recebe remuneração por esse importante trabalho que exige muita capacitação técnica. As Câmaras que atuam no Judiciário são indicadas muitas vezes sem critérios de transparência e qualidade, o que tem causado grande preocupação entre os profissionais e entidades que atuam em favor da mediação no Brasil.

É muito importante para toda a sociedade o bom desenvolvimento da mediação, e é necessário que existam oportunidades de acesso ao método com boas oportunidades de experimentá-lo, como a oferecida no Tatuapé, pois a mediação tem um papel importante para democracia, cidadania e todo o nosso sistema social. Ela tem o condão de dar poder para as próprias pessoas resolverem conflitos e isto é muito importante para o desenvolvimento de nossa democracia, como ensina Diogo Moreira Figueiredo Neto: 'A participação e a consensualidade tornaram-se decisivas para as democracias contemporâneas, pois contribuem para aprimorar a governabilidade (eficiência); propiciam mais freios contra o abuso (legalidade); garantem a atenção a todos os interesses (justiça); proporcionam decisão mais sábia e prudente (legitimidade); desenvolvem a responsabilidade das pessoas (civismo); e tornam os comandos estatais mais aceitáveis e facilmente obedecidos (ordem).'[27]

Assim, a mediação tem papel importante em todo o sistema social, na construção da nossa democracia, civismo, racionalização das atividades do Estado, em busca da construção de uma 'cultura de paz' social.

Na 3ª Vara de Família do Fórum do Tatuapé os mediadores que desenvolvem o modelo de mediação transformativa conforme os ensinamentos do supervisor dessa equipe, Adolfo Braga, acreditam no potencial dos participantes de transformarem seus próprios conflitos, por possuírem recursos próprios que promovem mudança de percepções de fragilidade e autocentramento e reconhecimento mútuos, propiciando ambiente de cooperação, com uma mediação de qualidade e cuidados especiais que fazem a diferença para nossa democracia."

Christiana Beyrodt Cardoso

---

27. ISOLDI, Ana Luiza, A mediação como mecanismo de pacificação urbana, In ALMEIDA, Tania; PELAJO, Samantha; JONATHAM, Eva. *Mediação de Conflitos*. São Paulo: Jus Podivm, 2016, p. 532. Ver também MOREIRA NETO, Diogo Figueiredo. *Mutações de Direito Administrativo*, 3ª ed. Rio de Janeiro: Renovar, 2007, p. 41.

* * * * *

"A experiência de ter acompanhado a implantação dos trabalhos de Mediação, junto à 3ª Vara de Família do Fórum Regional do Tatuapé, foi inesquecível, na medida em que vi um ambiente frio e formal, como normalmente encontrado nos prédios dos fóruns, transformar-se, onde ocorriam as reuniões de mediação, em ambiente acolhedor e informal.

A mediação trouxe para tantos quantos foram por ela beneficiados, a oportunidade de humanizarem suas relações, por meio de(s) encontro(s) entre as pessoas envolvidas nos conflitos processuais, na presença de mediadores do IMAB, que oferece habilidades profissionais capazes de fazerem várias pessoas com relacionamento enfermo se reencontrarem e buscarem novas maneiras de gerirem seus conflitos, a partir da reflexão e responsabilização.

As pessoas têm oportunidade de construir e reconstruir suas histórias de vida, daquele momento em diante, o que é muito mais interessante nos casos de família, pois ninguém melhor que as próprias pessoas sabe o que funciona para suas vidas.

Este processo permite que as pessoas sintam a efetivação da Justiça em suas vidas e interrompe a escalada do conflito, o que é muito nocivo num sistema familiar. É um processo maduro que exige coragem, boa-fé e transparência dos envolvidos para que se disponham a tentar, olhando-se nos olhos, escutando-se uns aos outros, exercendo a empatia, a compaixão, o que ensina as pessoas a agirem de forma diferente do que a sociedade está acostumada, em caso de conflitos."

Marisa Faria Mathey

* * * * *

"Como falar de mediação no Fórum Tatuapé?

Acolhimento, busca pela constante melhoria, boa vontade...

Muito se pode falar do estímulo dado e da oportunidade proporcionada pela meritíssima juíza Dra. Tarcisa, que se empenha em promover harmonia e compreensão nas relações das famílias que estão em processo naquele Fórum. Procura, através de reuniões de mediação, um maior equilíbrio e clareza, seja no olhar que os casais têm na hora de uma partilha, ao definir uma guarda, na visão de famílias que estão se distanciando e quase rompendo seus laços até passarem por reunião ou reuniões de mediação. E, mesmo que não consigam resolver a questão que lá os levou de maneira completa, sua visão e perspectiva do que ocorre pode se modificar e fazer com que, talvez em algum outro momento, resolvam o que lhes aflige de alguma outra forma".

Silvia Nasrallah Pedroso

* * * * *

"Há um ano, iniciei a prática de mediação no Fórum Tatuapé, sob coordenação do IMAB. Tem sido intenso meu aprendizado sobre esse método adequado de solução de conflitos.

A Dra. Tarcisa e a equipe do IMAB estão de parabéns, por terem acreditado e implementado a mediação, mesmo antes da lei que a reconheceu.

Quando muitos ainda não acreditavam na sua eficácia, ou mesmo a desconheciam, a 3ª Vara da Família já estava fazendo história, graças à postura arrojada da Dra. Tarcisa e dos coordenadores do IMAB.

Sou advogada, desde a faculdade minha atividade profissional foi dirigida ao contencioso. Posso dizer que fui uma dura combatente em litígios. Antes de me aposentar, no final de 2016, por 23 anos, exerci a função de procuradora do Estado de Santa Catarina.

Nessa função, estive sempre à frente de processos judiciais e, por dever de ofício, defendendo a entidade estatal até um último recurso possível.

Nos últimos anos, esse perfil litigante não mais me trazia satisfação.

Por isso, optei por investir minha nova fase profissional em algo que fosse o oposto da atividade anterior. Encontrei na mediação esse caminho.

No início, confesso que fiquei um tanto confusa: como dar mais ênfase à vontade das pessoas do que à lei? Como ser imparcial? Como ter empatia? Como não dar opinião sugestão, opinião, resolver o problema pelas partes? Como agir sem ser uma advogada?

Obviamente temos todas essas ferramentas entregues no curso teórico, mas, ao se deparar com mediados de verdade, a mudança de paradigma do mediador acontece com o tempo.

Estamos sempre aprendendo. Cada mediação, cada conflito trazido, os diferentes mediados nos mostram que o caminho da mediação não pode ser engessado: deve-se levar sempre em consideração as pessoas envolvidas. Cada grupo de mediados e mediadores, quando juntos, protagoniza uma forma diferente de interação.

Na pouca experiência que tenho, constatei que as ferramentas utilizadas na mediação são importantíssimas, mas o bom desenvolvimento da mediação só ocorre quando estabelecida a empatia e a confiança entre mediadores e mediados.

Para mim, esses dois requisitos são essenciais. Vivemos em um mundo individualista, ninguém ouve ninguém, os problemas, quando não são meus, não me interessam.

Atuamos numa Vara de Família, verificamos que muitos casamentos terminaram por falta de diálogo, de reconhecimento e aceitação das diferenças. Cada um imagina sua verdade sobre o pensamento do outro e assim as relações se deterioram.

Vemos muitos casos em que, já separado, brigando por pensão ou guarda de filhos, o casal tem na mediação a oportunidade de falar de seus sentimentos e ouvir os do outro. Quanta surpresa vemos nos olhares dessas pessoas ao tomarem ciência de que poderão decidir o conflito por elas mesmas, sem pressão. Tendo a possibilidade de, efetivamente, dizerem o que querem.

É admirável ver a evolução dessas pessoas. No caminhar da mediação, muitas vão se libertando de crenças, ideias preconcebidas e chegam a acordos que satisfazem a todos.

A satisfação que nós mediadores sentimos, quando nos deparamos com essa transformação, posso afirmar, é infinitamente maior do que vencer uma causa judicial!"

Christina Maria Valori Pompeu Caputo

* * * * *

"Nas mediações de que eu participei pude observar que, independente do poder aquisitivo, nós, seres humanos, nos comportamos de forma muito parecida nas situações de conflitos. Os casos de família, envolvendo assistência jurídica gratuita e os que eram assessorados por advogados, normalmente, no Fórum do Tatuapé, apresentavam muita semelhança nos seus desdobramentos, nas falas das pessoas envolvidas, nas posições e estratégias utilizadas. Ou seja, independente da classe social, as situações que geram e potencializam os conflitos são muito parecidas. E, infelizmente, a escalada do conflito que vemos na literatura ocorre de maneira muito frequente.

Um aspecto muito marcante refere-se ao comportamento de alguns casais no processo de separação. Eles parecem não perceber que a separação é do casal, entretanto, os papéis de pai e mãe continuam existindo: a família que foi constituída não deixará de existir. Os filhos continuam precisando do suporte dos pais, não só do ponto de vista financeiro, mas também educacional e emocional, entre outros. Assim, muitas decisões deverão ser tomadas em conjunto e é muito importante que os pais mantenham um relacionamento pautado pelo diálogo e respeito.

Considero que a situação mais preocupante, e triste, é quando uma das pessoas passa a ter ações e/ou comportamentos de prática de alienação parental, ou seja, denegrir a imagem do outro, procurando afastá-lo ou privá-lo do convívio com o(s) filho(s). Infelizmente, algumas separações são bastante traumáticas e as pessoas passam a ter como objetivo principal culpar/acusar o outro e de alguma forma buscar uma vingança, e não percebem como a criança é afetada. Nesse tipo de situação, fica muito evidente o quanto as pessoas precisam de ajuda para superar a crise e restaurar a interação construtiva entre elas, buscando manter um relacionamento em que a(s) criança(s) sinta(m)-se amada(s), protegida(s) e respeitada(s).

Tenho aprendido muito ao mediar, pois na mediação praticamos constantemente o desenvolvimento da empatia, da escuta ativa e da manutenção do foco nas pessoas e não no conflito. É importante mantermos essas habilidades em constante desenvolvimento, assim, considero que ser mediador pressupõe ter disposição para o aprendizado contínuo. Pois a mediação não é um processo estanque, padronizável, e os conflitos, por mais que tenham pontos em comum, têm desdobramentos muito distintos, considerando todas as variáveis envolvidas.

Um ponto que vejo como de extrema relevância é que a mediação propicia o "empoderamento" dos participantes, à medida que tomam consciência de que podem escolher, por si mesmas, quais são as melhores alternativas, para encontrar uma solução para o conflito.

Penso que essa tomada de consciência quanto à possibilidade de fazer escolhas e decidir, sem influências ou mesmo imposição de um terceiro, leva a um amadurecimento e comprometimento com a decisão. Eu me sinto muito realizada quando observo evolução no diálogo, resultando em solução do conflito que atende ao interesse dos envolvidos.

Acredito que, através desse amadurecimento das pessoas, quanto ao poder de solucionar seus conflitos, pode-se gradativamente ir mudando a cultura do 'ganha-perde' para o 'ganha-ganha', reduzindo os casos de litígio e elevando o uso de métodos não adversariais. Nesse contexto, a equipe do Fórum do Tatuapé tem desenvolvido um belo trabalho!"

Elisabete Aparecida Martins

*****

"Cada nova mediação nos desafia, nos coloca diante de pessoas com inúmeras questões intrapsíquicas, tentando lidar com diversos problemas inter-relacionais. A verdade é, pois, que nunca deixamos de aprender a tentar não errar.

Ora, como olhar para o sujeito que sofre como se fosse um mero treino? Quando estamos diante de uma família (pai, mãe, filhos, irmãos etc.), nossa responsabilidade em não falhar é ainda maior. Mas claro: falhamos muitas vezes, querendo acertar sempre. Daí a importância da comediação – algo que sempre aconteceu no Tatuapé –, em que dois mediadores atuam em conjunto no mesmo processo, cada um tentando ocupar as arestas do outro, uma equipe em constante colaboração.

Assim é que, imersa num misto de sentimentos – tais como medo, satisfação, alegria, frustração –, a experiência no Tatuapé me colocou diante de inúmeras realidades:

- Vi famílias desestruturadas aprenderem a importância da conversa em prol do bem-estar de seus filhos;
- Encontrei casais apaixonados se perderem um do outro por causa das drogas, que fez com que a esposa passasse a ter medo do companheiro que tanto amava e que ela reconhece que muito a ajudava nos primeiros anos de relacionamento;
- Tive contato com casais vindos de culturas diferentes, lutando para conciliar suas crenças pelo bem-estar dos seus filhos, evidenciando o óbvio: o amor não tem fronteiras, cor nem nacionalidade;

- Vi casais tão perdidos no sentimento de rancor causado pela traição que se esqueceram de olhar para as necessidades de suas crianças;
- Senti na pele o perigo da identificação que, sem percebermos, leva à quebra da imparcialidade do mediador. Neste mesmo contexto, vi mediandos virarem as costas para nós, mas também vi os que mergulharam de cabeça no processo de mediação;
- Percebi a imensa força do espelhamento e do resumo, que são técnicas do mediador que possibilitam que os conflitantes ouçam o que a escalada do conflito não lhes permite escutar, seja em relação ao outro, seja em relação a si mesmo;
- Entendi o quanto a verificação - técnica de listagem dos temas levantados pelos conflitantes para organizar a conversa - clareia o pensamento não só dos mediandos, mas também dos mediadores, dando um rumo para a própria mediação.

Foi em um desses momentos que compreendi, na prática, o que significa dizer que o processo de mediação não visa ao acordo. De fato, a mediação não precisa ter uma documentação para ter sido bem-sucedida, pois sua eficiência vem a partir do reestabelecimento da comunicação entre envolvidos. O acordo é, pois, mera possível consequência."

Ana Regina Campos de Sica

* * * * *

"Pessoalmente, me sinto privilegiada em poder participar dessa experiência da mediação no Tatuapé. Representa, para mim, não só um crescimento profissional, mas também uma satisfação pessoal em poder auxiliar pessoas a solucionarem seus conflitos, fazendo uma diferença em suas vidas, ainda que mínima.

E, mesmo quando a mediação não leva a um consenso final, a mera experiência vivida pelos mediandos já é capaz de semear a prática do diálogo e abrir os olhos para as outras possíveis formas de resolver conflitos, que não a judicial.

Os desafios são constantes, tornando a experiência dinâmica e sempre surpreendente. São trazidos à mediação os mais diversos conflitos e pontos de vista sobre uma mesma questão, o que estimula a equipe de mediação a sempre exercitar os princípios do procedimento e a buscar formas de auxiliar a comunicação segundo as peculiaridades de cada caso concreto.

No mais, reinvento-me como profissional da área jurídica e passo a ter uma visão diferente acerca do conflito, como questão social que se coloca, muitas vezes, em um aspecto mais amplo do que aquele trazido nas letras frias do processo judicial."

Priscila Domenice

* * * * *

"Observei que os mediandos chegavam bastantes receosos, mas se sentiam visivelmente acolhidos pelos mediadores e pela equipe de observação. O primeiro contato das famílias foi sempre com Teresa, primorosa e atenta às preocupações e necessidades. Eram orientados a vir para pré-mediação e, conforme fosse, concordavam em participar da sessão conjunta. Lembro-me de ficar muito surpresa com o quanto o mediando se expunha ou deixava de se expor na pré-mediação, em que as pessoas participavam individualmente ou com seus advogados, e aí outras facetas do conflito se revelavam na mediação propriamente dita, decorrentes da dinâmica da interação entre as pessoas. Anotei certa vez que a diretividade, ou seja, uma facilitação de diálogo impositiva, acirra o conflito. Se o foco é na interação, na observação do autocentramento e da fraqueza dos indivíduos ali presentes (decorrentes do conflito em que se encontram), e se há o uso de técnicas que têm este enfoque transformativo, o conflito se abre, criando um espaço de escuta e real diálogo, palavra que passa a ter aplicação prática, deixando de ser um conceito ao qual a 'mediação se propõe'. Deste modo, pode haver o empoderamento e até mesmo o reconhecimento.

Diante deste enfoque, as mediações chegavam aonde podiam e os mediandos sentiam-se à vontade para abertamente declinar da continuidade da mediação.

Em diversos casos, o que vi chegar ali naquela sala singular em pleno Fórum foram histórias fortes, com um histórico de grande sofrimento, conversas difíceis com uma interação muito desgastada. Gosto de pensar que saíram dali pessoas mais calmas, mais esclarecidas, mais confiantes. Pude ver momentos de reconhecimento do sofrimento alheio, de escuta, de inesperada compreensão e surpresa. Gosto de pensar também que as pessoas se depararam com o potencial que elas têm para resolver seus próprios problemas e, se não tomaram decisões ali na reunião de mediação, se colocaram mais próximas de decidir e, principalmente, de sustentar os acordos feitos ali."

Julia Camargo Barros

* * * * *

"Lembro-me de haver desenvolvido cerca de 25 mediações. Trabalhar na 3ª Vara de Família no Fórum do Tatuapé foi um privilégio.

Primeiramente porque as Dras. Tarcisa e Teresa, formadas que foram no IMAB, nos davam plena liberdade para atuar em consonância com nossas convicções de como a mediação deve ser.

Em segundo lugar, devido ao cuidado da Dra. Tarcisa, conhecedora do perfil de cada supervisor do IMAB, ao triar os casos.

Em terceiro lugar pela qualidade dos casos que nos eram encaminhados – desafiadores, sem dúvida, e por isso mesmo valiosos para utilizarmos os conhecimentos e habilidades que havíamos desenvolvido nos longos anos de estudos individuais e trabalho conjunto. Casos assim serviram também para demonstrar aos observadores que nos assistiam o que pode e o que não pode ser alcançado pela mediação.

Por fim, mas não menos importante, pela liberdade de reagendarmos tantas reuniões quanto achássemos necessárias para a conclusão de um trabalho competente e gratificante.

Uma boa indicação do perfeito entendimento que a Dra. Tarcisa tem da mediação foi o encaminhamento de casos já sentenciados. Tivemos assim a oportunidade de trabalhar para que o relacionamento futuro dos mediandos pudesse se dar de maneira construtiva, mesmo após o fim da disputa judicial."

Eduardo Tabacow Hidal

* * * * *

"Participar de uma mediação como mediador é um desafio por si só. Entrar no universo dos mediandos, ouvir, balizar, facilitar. O estágio no Fórum do Tatuapé me fez perceber a tremenda diferença entre a teoria e a prática.

Mediação é prática, é um processo, é movimento. A teoria foi extraída e compilada da prática e por isso não vive sem ela. Tantas habilidades a serem adquiridas *in loco*: obter a confiança das pessoas, aprender a fazer as perguntas adequadas, aprender a calar. Fazer pausas estratégicas.

Ver a vida como ela é, irmão brigando com irmão, ex-marido xingando a ex-esposa na frente da filha, pai não querendo pagar a pensão alimentícia do filho e o filho se recusando a ver o pai. Aprender a não julgar. Aprender a manter-se imparcial. Fazer as tão aguardadas reuniões dos observadores e mediadores. Aprender com os pares, com a observação. Dividir opiniões e pontos de vista.Ver o efeito do tempo, o efeito de semana após semana para a interação entre os mediandos. Defender o diálogo, em tempos de paz e em tempos de briga. Deixar o mediado expressar a raiva, o ressentimento, sem acirrar o conflito. Trazer uma nova ordem das coisas, ainda que dentro do Fórum: o terceiro não decide nada. A persuasão deve ser exercida em relação à outra participante. Atacar a comunicação violenta não vai melhorar as coisas. A importância de se ouvir o outro. Respeitar o outro. Há tempo suficiente para ambos exporem suas visões. Mostrar aos mediandos que os protagonistas são eles e que mediador não decide nada. Mostrar aos mediandos que o poder está nas mãos deles e que aquele que ele tanto xinga é também aquele que o ajudará a costurar a paz.

Trazer um choque de realidade quando necessário: saindo daqui hoje e encerrando este processo de mediação, quais são os próximos passos? Quanto tempo imaginam que demorará para uma decisão judicial?

Constatar o fabuloso efeito do momento em que uma pessoa reconhece o valor da outra. Como anseio por este momento em cada mediação! Representa o resgate do diálogo. E pressupõe superação, humildade e sinceridade.

Como mediador, aprender a controlar a curiosidade. Para que perguntar algo, se não vai estimular a resolução do conflito? Aprender a controlar o próprio ego. Quando o mediador se torna dispensável – pelo restabelecimento do diálogo entre os participantes –, ele cumpriu sua função.

E, por último, por que não? Usar a mediação também para autoconhecimento. Observar-se nesse processo. Quais sentimentos, emoções e reações a reunião de mediação provoca em você? Quais lembranças pessoais vieram à sua memória? Tomar consciência daquilo que te toca, que te impacta e de como te impacta. Perceber sua própria forma de se relacionar e se comunicar com o mundo.

Para mim, cada mediação traz um aprendizado diferente. E eu doo um pouco de mim para as partes. Minha atenção, minha energia, minha empatia, minha estratégia, meu carinho. E imagino que planto uma semente de paz. Em mim e nos outros."

Karin Klempp Franco

* * * * *

"Atuar de fato como mediadora, aplicando as técnicas da mediação transformativa, é um grande desafio. Exige também estudo constante e muita, mas muita, vivência.

Como perceber, tratar, ajudar as pessoas, mediando sabiamente um conflito? Sabendo que cada um tem sua verdade, sua percepção. O conflito está presente no dia a dia, em função da estrutura relacional entre elas.

São pessoas que recebem uma intimação em casa, vinda de outras com as quais conviveram, amaram, tiveram filhos, mas que recorrem ao Judiciário para cobrar algo que não conseguiram numa conversa amigável. Quando entendem o que é a mediação, aceitam ter uma conversa, o primeiro passo está dado. Os problemas vêm à tona. E como chegar a uma solução do conflito ou dos conflitos, que atenda a ambas e propicie uma melhor qualidade de vida, um futuro melhor aos filhos?

Aí entram a habilidade, competência e experiência do mediador.

Cada um reage a uma mesma situação de forma diferente. Daí a importância da acolhida, da escuta ativa, de saber se comunicar, saber a hora de falar e saber como motivá-los a falar.

Como dar a eles o reconhecimento, enfim, levá-los a um bom senso comum, mesmo não havendo um acordo, que ao menos o relacionamento se torne melhor, que os filhos tenham uma base familiar e uma formação mais harmônica?

Desafios constantes, com os quais aprendo a lidar passo a passo. É essa a beleza e o encanto da mediação.

Participar desse trabalho na Terceira Vara de Família e Sucessões do Fórum do Tatuapé deixa-me orgulhosa, enriquecida e agradecida."

Maria Rita de Cassia Almada Neder

* * * * *

"Terça-feira, a agenda marca '13:00 – mediação Fórum Tatuapé – sala 203'. Os detalhes do local, já não mais necessários, eram replicados semana a semana no meu celular e o espaço bem conhecido, disponibilizado pela Dra. Tarcisa de Melo Silva Fernandes, juíza titular da 3ª Vara da Família, nos recebia com a energia boa de quem sabe que ali acontece a 'mágica'. A caminho, pensando se haverá tempo para tomar um café no bistrô ao lado com as colegas de curso – as mulheres estão sempre em maioria nessa área –, tranquilo no contrafluxo do trânsito chego e encontro Maria Rita [Almada Neder], como combinamos. Nesse tempo, já estava completando minhas horas de estágio supervisionado e fazíamos dupla em comediação. Ela, ainda no primeiro terço do estágio, me faz ver, agora de fora, o processo das descobertas que só acontecem à mesa da mediação."

Sylvio Lagreca Neto

* * * * *

"A experiência de frequentar as reuniões de mediação realizadas na Vara da Família do Fórum do Tatuapé, às terças-feiras, no período matutino, foi enriquecedora: somou as técnicas de mediação com meu conhecimento e profissionalização na área do Direito.

Nessas mediações podemos ver casos já judicializados, em que o conflito por vezes está ainda mais acirrado, e a tarefa de transformar a interação decorrente do conflito entre os participantes é ainda mais difícil. Essa afirmação, contudo, sempre comportará ressalvas; a mediação não tem regras fixas, já que as pessoas são um universo único e os conflitos são totalmente diversos uns dos outros, não podendo em momento algum ser comparados."

Mariana Parússolo Martins

* * * * *

"Nossa equipe tem uma integração muito boa e trabalhamos sempre nos revezando como mediadores e observadores.

O desafio é grande, pois há casos em que a comunicação entre os participantes está muito dificultada, mas a satisfação pessoal é enorme, pois quase sempre conseguimos perceber que fizemos alguma diferença na vida daquelas pessoas. Mesmo em alguns casos em que os participantes não chegam a um acordo, é possível perceber uma melhora significativa na comunicação e uma diminuição do nível do conflito. Recebemos *feedbacks* muito positivos de diversos participantes e muitas vezes podemos sentir a gratidão destes por terem tido a oportunidade de serem ouvidos."

Vera Cecília Monteiro de Barros

* * * * *

"O maior desafio, do meu ponto de vista, é manter a escuta de forma ativa e dinâmica, sem julgar os participantes.

No decorrer da minha vivência profissional, aprendi que a história de cada família e de cada conflito é singular, mas, ao mesmo tempo ,as pessoas demonstram ter o mesmo tipo de problema. Pelo fato de ser advogada e atuar na área de Direito de Família, muitas vezes ouvia um conflito e logo concluía o que estava acontecendo.

Foi esse exercício de ouvir sem julgar que a mediação me trouxe. Os problemas parecem ser os mesmos, mas a atitude de cada um frente ao conflito é que torna cada caso um caso. Por isso não há como julgar.

Algumas outras percepções e desafios surgiram no decorrer de minha formação como mediadora. Lembro-me de que, no início, incomodava-me quando os mediados permaneciam em silêncio. Sentia-me angustiada. Aprendi, com o tempo, que o silêncio também tem muito a dizer e, se as pessoas não conseguem conversar, não obstante os estímulos e ferramentas utilizados pelo mediador, a dificuldade é delas mesmas. Como diz o prof. Adolfo: fazemos a mediação que é possível se fazer.

Por outro lado, quando esses estímulos e ferramentas fazem com que os mediandos reflitam e consigam definir a controvérsia, as posições e motivações, e percebam a força que têm sobre decidirem sobre a melhor alternativa para aquele problema, isso não tem preço. A satisfação é realmente enorme!"

Paula de Magalhães Chisté

* * * * *

A reação dos mediandos, pelo olhar dos mediadores

"Desde que começamos, minha equipe e eu, a trabalhar no Fórum do Tatuapé com a Dra. Tarcisa de Melo Silva Fernandes, da 3ª Vara da Família e Sucessões, nos sentimos honrados por estarmos conseguindo colaborar para um melhor entrosamento daqueles que vão ao Fórum em busca de solução para seus desentendimentos.

Confirmamos, com o passar do tempo, que eles chegam ao Fórum com a expectativa de que a solução de seus problemas só pode ser obtida por meio de um terceiro, como o juiz, mas, ao serem encaminhados para a reunião de mediação, se descobrem capazes de tomar a rédea de suas vidas e construir, juntos, a solução de seus conflitos.

Em alguns momentos presenciamos um certo descrédito, por parte dos que procuraram o Fórum, quanto à eficácia da tal mediação para a qual eles foram convidados. Muitas vezes ouvimos 'já tentamos conversar... o meu diálogo é um, o dele(a) é outro'. A comunicação não existe, um não quer ouvir o outro. Conforme a mediação se desenrola e chega ao fim, muitas vezes com acordo realizado, eles percebem que conseguiram construir uma solução que preservou os direitos do(s) filho(s) envolvido(s) (foco principal das mediações ocorridas no Fórum do Tatuapé para definição de pensão alimentícia). Solução esta que jamais acreditaram conseguir sozinhos sem que houvesse uma decisão de um terceiro, como a sentença dada por um juiz.

Em muitos desses casos, percebemos a perplexidade dos envolvidos, no que se refere ao resgate da comunicação entre eles, o que só tem a favorecer o convívio entre todos. Filhos que assistem ao diálogo entre os pais e não a conflitos e agressões verbais, desenvolvem um outro olhar para os relacionamentos, não só dentro da família, mas em relação aos próprios que virão a ocorrer durante a vida.

Sob essa ótica, quando a mediação consegue resgatar o diálogo entre os mediados, percebemos também que ela pode contribuir não só para solução de conflitos trazidos ao Judiciário, mas também para a recuperação de valores fundamentais em uma sociedade evoluída, como o respeito ao outro e a si próprio.

Além disso, não podemos deixar de lado os momentos em que a comunicação ocorreu, porém não foi possível a realização de um acordo. Às vezes, mesmo que o acordo não aconteça no momento da mediação, percebemos que as pessoas não saem com a mesma postura com que entraram na sala. As palavras trocadas na reunião, entre elas, e entre elas e os mediadores, as modificam de alguma maneira, mesmo que naquele momento não percebam.

Em alguns casos, durante o diálogo são trazidas revelações expondo fatos, sentimentos ou acontecimentos que ficam gravados, forçando uma nova reflexão e avaliação por parte daquele que conseguiu manter a escuta ativa e, tempos depois, reconsidera atitudes anteriores. Por mais que se firmem nas posições de não negociar, de não escutar os argumentos do outro, de não pagar a pensão alimentícia, é nítido que algo fica em suas mentes quanto ao cuidado com os filhos, no seu relacionamento com o ex-parceiro. Notamos essa sutil mudança. Felizmente, foram poucos, mas nesses casos era visível a instabilidade emocional, muitas vezes provocada por agressões verbais e físicas. A sensação que tivemos é que havia necessidade de se preservar emocional e fisicamente (muitas protegidas pela Lei Maria da Penha). A confiança já não existia mais, tornando impossível o diálogo, que dirá um acordo voluntário.

Momentos inusitados e atípicos também se apresentaram durante as reuniões de mediação. Normalmente vemos pais que tentam "barganhar" pensão alimentícia como se o filho fosse mercadoria, outros acham justo e necessário o pagamento da pensão e até depositariam valor maior caso tivessem condições financeiras, enfim, pais com as mais variadas noções de responsabilidade com relação a seus filhos."

Mariângela Franco Coelho e Teresa Cristina França Pinheiro Machado

* * * * *

"As reações observadas são as mais variadas. Vão desde o desapontamento por receber uma intimação judicial, até a manifestação de revolta, ódio, e raiva, dentre outros sentimentos, às vezes externados, outras, introjetados, mas que não fogem à verdade revelada verbalmente e/ou pelas expressões do próprio corpo.

Quando lhes é dada a oportunidade de conversar, as dificuldades decorrentes da baixa renda dos pais trazem à baila a necessidade de uma mãe, na maioria dos casos desempregada, mas com a responsabilidade imensa de alimentar os filhos. Nota-se que está sentada à mesa uma pessoa no limite de sua capacidade, a pedir por ajuda.

De outro lado, um pai, que por vezes não se sente pai, embora saiba que foi convocado para tratar de seus próprios filhos. E, não raro, revela não ver os próprios filhos por vergonha. Geralmente a vergonha decorre do não pagamento da 'pensão'. Esta palavra soa aos seus ouvidos de pai como uma gama enorme de sentimentos, tais como castigo, punição, obrigação imposta.

Essas revelações têm me intrigado e, por muitas vezes, na expectativa de despertar, naqueles pais, um traço de responsabilidade abandonada, fizeram-me refletir se não haveria uma possibilidade de promover uma mudança nas atitudes daquelas famílias por meio de uma nova linguagem.

Percebíamos que, ao falar dos filhos, até mesmo quando não havia tanta proximidade, aqueles eram motivo de preocupação, importantes e merecedores de carinho. No decorrer dos diálogos, muitas vezes aparecem expressões, como 'meus direitos' de mãe ou de pai.

Sempre que possível, e as pessoas assim o desejarem, são estimuladas a refletir sobre: de quem é o 'direito' e de quem é a 'obrigação'.

Quando a importância e o significado dessa terminologia são percebidos pelos pais, revelam uma nova postura, diante do problema posto. Se o clima era de agressividade, ou desconfiança, até o tom de voz se modifica, e o diálogo é facilitado. Se isto é verdade, por que, então, muitos pais se eximem da responsabilidade de cuidar do sustento dos seus filhos?

Depois de muitas reflexões e de discussões de casos com o intuito de aprimorar nossa prática, chega-se a algumas conclusões que podem levar as pessoas a se eximir de suas responsabilidades.

Algumas hipóteses:

- Interrupção do diálogo na qualidade de pai e de mãe;
- Escassez de recursos;
- Desemprego;
- Revolta, mágoa pela separação;
- Negativa à visita (direito dos filhos), como meio de punição;
- 'Pensão' como forma de obrigação imposta.

Diante de tantas dificuldades de um lado e de tantas necessidades de outro, é preciso se reinventar a cada caso. Mas como se reinventar e ao mesmo tempo levar a que as pessoas decidam o que é melhor para elas?

As dificuldades passam, inclusive, pela compreensão das palavras, seus conceitos, significados diferentes das palavras, escuta inexistente. Em resumo, ausência de diálogo motivada por inúmeras razões.

Aos poucos, nas intervenções, ao reproduzir algumas falas das próprias pessoas, para que se escutem, comecei a substituir algumas palavras, e percebi que muitas levavam a percepções diferentes por parte das pessoas.

Alguns exemplos:

- Direito dos pais – por obrigações em relação aos filhos;
- Necessidade dos filhos – por responsabilidade dos pais em supri-la;
- Visita – por direito dos filhos de estar com os pais;
- Pensão – por contribuição para a manutenção dos filhos.

Essa experiência foi surpreendente. A substituição de palavras como visita, pensão, direito, necessidade, produz outra compreensão da realidade. Essa nova percepção possibilita iniciar um novo diálogo, muda o foco do conflito, direciona a busca de uma solução, equaliza a responsabilidade".

Agenor Lisot

* * * * *

"Em geral, os mediandos se mostram muito satisfeitos com todo o processo da mediação. Quando os participantes estão mais abertos, verifica-se o reestabelecimento ou melhoramento da comunicação entre eles, o que é possível a partir do diálogo desenvolvido na mediação. Instala-se um novo modo de convivência, harmonioso, em virtude da sensibilização e do entendimento mútuo dos mediandos.

Mesmo quando a mediação não resulta em acordo, é possível visualizar benefícios para os envolvidos. Não raramente os mediandos confessam sentirem-se melhor em relação à situação apenas por terem tido a oportunidade de falar sobre o assunto, como em um "desabafo", além, é claro, do efeito reflexivo do exercício de escutar a si mesmo proporcionado pela mediação.

Além disso, é possível que os mediandos se respeitem, dialoguem, mas não consigam chegar a uma solução em virtude de fatores alheios às suas vontades. Muito embora ocorra a comunicação entre eles, pode acontecer que não se sintam preparados para chegar a um entendimento comum, optando por interromper o processo.

Por exemplo, certa vez, tratando da guarda e regime de visitas da filha, os mediandos trouxeram diversos conflitos à tona, conversaram e esclareceram questões antes obscuras para eles, mas no momento de decidir efetivamente sobre a possibilidade de visitação desassistida da criança, a mãe optou por não solucionar o conflito e aguardar pronunciamento judicial baseado em perícia médica a ser realizada a respeito da saúde mental do pai da criança, já que não se sentia confortável com a responsabilidade de fazer um acordo que pudesse, na sua concepção, pôr em risco a integridade da filha.

Há casos, todavia, em que a agressividade e animosidade entre os participantes é tamanha que eles sequer permitem uma abertura para dialogar, o que inviabiliza por completo a mediação. Sendo a voluntariedade o pressuposto da mediação, não é possível que o procedimento se desenvolva e frutifique se elas não estiverem dispostas a restabelecer a comunicação."

Priscila Domenice

* * * * *

"Alguns dos mediandos não têm pleno entendimento do processo de mediação. Alguns têm medo, não sabem como o processo será realizado, mas, com a explicação e o andamento do processo, eles ganham confiança nos mediadores e se integram."

Alvaro Siviero

* * * * *

"Em muitas pré-mediações, quando os mediandos recebem a informação de que o mediador não fará sugestões de acordo e que cabe a eles próprios gerar ideias de solução, eles se espantam com o poder que recebem. Afinal, quando alguém procura o Judiciário, ele quer justamente terceirizar a solução do conflito para o juiz e não é isso o que a mediação oferece.

Contudo, no decorrer da mediação, a surpresa inicial fica para trás e os mediandos passam a entender que a autonomia da decisão está na mão deles. E, quando conseguem chegar a um acordo, a satisfação é visível. O fato de eles próprios decidirem com certeza gera maior segurança para o cumprimento do acordo."

Paula de Magalhães Chisté

* * * * *

A participação dos advogados, na percepção dos mediadores

"A visão que os advogados tinham pouco tempo atrás sobre a mediação começou a mudar. Durante as reuniões em que estavam presentes advogados, havia dificuldade para esclarecer a dinâmica da mediação. Alguns demonstravam descrédito sobre o instituto da mediação, outros se viam desvalorizados, como um ser sem função naquele momento.

Hoje em dia, percebemos um interesse maior; muitos apoiam durante a mediação, chegando mesmo a contribuir no diálogo entre os mediandos, o que nos anima muito.

Essa nova visão dos advogados em muito colabora com os mediadores e, por consequência, com seus clientes."

Mariângela Franco Coelho e Teresa Cristina França Pinheiro Machado

* * * * *

"Desde antes do advento do Marco Legal da Mediação, em 2015, e da entrada em vigor do Novo Código de Processo Civil, em 2016, a mediação que praticamos no Fórum Tatuapé já vinha ganhando prestígio e entusiastas entre os advogados e passou a ser vista como uma forma mais humanizada de lidar com os litígios.

Os advogados dos participantes, sempre muito bem-vindos no processo de mediação, começaram a entender que a litigiosidade só traz prejuízo para todos envolvidos no processo e, de acordo com o que acontece no Fórum Tatuapé, começaram a olhar a mediação com outros olhos.

Por vezes, nos deparamos com colegas que ainda entram para mediação como se estivessem adentrando em um ringue, tomando a iniciativa da fala em nome do seu cliente, sem entender que se trata do momento de seus clientes, momento de se falarem, de se olharem e, o mais importante, se escutarem.

Em uma das primeiras mediações de que participei, me lembro bem de que os mediados discutiam o que haviam lido nas respectivas petições: um falava da inicial e o outro da contestação. Após iniciada a mediação, conseguiram entender que os advogados haviam escrito coisas que não correspondiam às suas vontades e às suas verdades. E também entenderam a maneira como tinham sido escritas, alterando significativamente o que cada um queria dizer e ouvir. Os advogados presentes justificaram que, para se fazer valer do livre convencimento do Juízo, precisavam criar um impacto nas alegações, muitas vezes com palavras duras, e que era dever do advogado convencer o Juízo.

Esclarecidos esses pontos de que se tratava da forma de como o advogado se expressava e que não retratava o sentimento de seus clientes, iniciaram um diálogo que resultou em acordo em todos os pontos controvertidos.

O que tenho visto ao longo dos últimos cinco anos, trabalhando com métodos alternativos de solução de conflitos, é que os advogados já estão se conscientizando de que o melhor acordo é aquele em que os clientes são os protagonistas e, deixando a vaidade de lado, os advogados se mantêm como assessores jurídicos. E que isso na verdade não diminui a sua competência, pelo contrário, pois entendem que, agilizando os embates, diminui-se drasticamente o custo de um litígio judicial para eles próprios e seus clientes.

A mediação a princípio foi recebida pelos advogados como uma ameaça ao trabalho, já que a cultura do litígio era o que imperava e se praticava desde os bancos da faculdade, esquecendo-se de que nós, advogados, temos o dever ético de estimular e utilizar os meios adequados de solução de conflitos (artigo 2º, § único, inciso VI do Código de Ética e Disciplina da OAB).

Hoje em dia, mesmo com as mudanças recentes, muitos ainda entendem que advogado bom é aquele que briga pelo cliente, não levando em conta a mudança de paradigma na implantação da mediação e outros métodos alternativos já regulamentados.

A capacitação é o meio mais eficaz de fazer valer essas mudanças. O advogado precisa – e tem tido consciência de que precisa – conhecer as técnicas da mediação e saber diferenciar o papel do mediador e o papel do advogado, situação hoje que se confunde muito, como no meu caso (atuo como advogada e como mediadora). Uma coisa é estar no papel de advogado; para mediador, é preciso outro chapéu. O advogado está se preparando e se capacitando para os novos tempos, nos quais o litígio dá lugar ao diálogo: é isso que temos visto nas mediações realizadas no Fórum Tatuapé.

O que vimos, ao longo destes cinco anos, foi a mudança no olhar e na condução de muitos advogados que, conhecedores do trabalho feito na mediação, sugerem e até mesmo pedem à juíza para que seus outros casos sejam enviados para mediação. Indo mais além, até mesmo em casos já sentenciados, nos quais uma das partes se sentiu prejudicada, há o pedido do advogado para que a juíza encaminhe as partes para que na mediação possa haver o reconhecimento daquilo que foi decidido. Ou seja, ainda há a cultura de que um terceiro, nesse caso a juíza, decida questões pelas partes, mas já existe o reconhecimento de que nem sempre a parte que sai vencida fica satisfeita.

Temos também, por outro lado, mediações em que os advogados não deixam seus clientes decidirem, ficando todo o tempo orientando-os sobre os efeitos negativos do acordo, muitas vezes fazendo-os desistir de qualquer aproximação.

Ao mesmo tempo, existem colegas que já estão totalmente adaptados ao novo, sendo entusiastas da mediação: até pedem para a juíza para que seus clientes sejam encaminhados para mediação, o que não deixa de ser uma mudança significativa na maneira de se praticar a advocacia, muito mais dialógica e focada na vontade de seus clientes.

Tanto como mediadora quanto como advogada, penso que o advogado é indispensável nas reuniões de mediação, auxiliando seu cliente na busca de soluções, na colaboração do diálogo com a outro mediado e seu advogado, na construção e na formalização do acordo a que possam chegar. Ele deve informar ao cliente, antes de partir para judicialização do conflito, que existem outros métodos de solução além da via judicial, salientando os benefícios, entre eles a celeridade e eficácia do conflito resolvido diretamente pela intervenção direta de seus clientes.

Outra preocupação dos advogados em relação à mediação é se devem cobrar menos por indicar a mediação, o que não procede, sendo inclusive vedada a diminuição de honorários tendo em vista a via escolhida para resolução do litígio."

Rosemeire Aparecida Moço Vilella

* * * * *

"Os advogados desempenham relevante papel na mediação. Cuidam do assessoramento, orientação e aconselhamento de seus clientes quanto às questões jurídicas que muitas vezes não são de conhecimento de seus clientes e não constituem função dos mediadores. Os advogados devem, também, dizer sobre a viabilidade jurídica das eventuais pretensões, colaborando para a efetividade da solução a ser construída.

A presença de advogados, todavia, não é indispensável à realização da mediação, a qual pode se dar somente entre os participantes, auxiliados pelos mediadores.

Na experiência realizada no Tatuapé, foi possível conhecer diferentes formas de atuação de advogados na mediação. Alguns deles se mostraram colaborativos, concordam com o funcionamento da mediação e estimulam os mediandos a refletir sobre suas questões. Por outro lado, alguns, ainda resistentes, se limitam a ficar calados durante o processo, manifestando somente as pretensões constantes nos autos, ou mesmo se abstêm de participar por perceberem que seus clientes irão debater temas de suas intimidades."

Priscila Domenice

* * * * *

"Cumpre ressaltar o papel dos advogados na mediação, já que, como também advogada, eu pude verificar o desenvolvimento da mediação no processo judicial e a evolução dos operadores do Direito com este instrumento. Os advogados são sempre bem-vindos, desde que haja igualdade formal e substancial, e esse fator é tratado pelos mediadores durante a pré-mediação. Pude presenciar uma mediação em que os advogados foram imprescindíveis para que os participantes estivessem confiantes e pudessem trazer os pontos sem qualquer receio de serem preteridos nas questões jurídicas."

Mariana Parússolo Martins

* * * * *

"Os advogados que participam das reuniões são normalmente cooperativos. E, mesmo quando não estão presentes, têm um papel muito importante quando conhecem e confiam no procedimento. Recentemente, atendemos os pais de um menino que não conseguiam se comunicar no início do procedimento. Ao longo da mediação, as partes restabeleceram o diálogo e chegaram a um acordo que deixou a ambos muito satisfeitos. Ao final da mediação, o pai, que era o mais reticente no início da reunião, nos agradeceu emocionado e nos parabenizou pelo nosso trabalho, externando a gratidão à sua advogada, que o havia aconselhado 'a ir de coração aberto para a mediação'. Desde aquele dia, sempre dou esse depoimento em sala de aula, para mostrar aos meus alunos o quanto nosso papel como advogados é importante."

Vera Cecília Monteiro de Barros

* * * * *

"As mediações que contam com a participação de advogados, a meu ver são extremamente proveitosas, na medida em que os advogados podem sanar dúvidas de seus clientes, dar ideias de soluções e ajudar na elaboração do Termo de Acordo.

Lembro-me de um caso de separação no qual as partes discutiam a partilha de bens. As partes compareceram à reunião de mediação acompanhadas de seus respectivos advogados. Já na pré-mediação ambos demonstraram ter uma postura colaborativa. Após pouco mais de uma hora de reunião, as partes chegaram a um acordo. Recordo-me do contentamento das partes e da visão positiva dos advogados em relação à mediação, tanto que um deles, ao se despedir, agradeceu à equipe e disse que iria sugerir a realização de mediação em outro processo dele."

Paula de Magalhães Chisté

* * * * *

A opinião dos mediados

A maior parte dos mediados nunca tinha utilizado a mediação e nem sequer a conhecia. Foram apresentados a essa possibilidade no Fórum do Tatuapé ou em outros fóruns de São Paulo e, depois de passarem por essa prática, de maneira geral saíram satisfeitos com os resultados.

Nesta seção, são apresentadas as opiniões de alguns deles, cujos nomes não são revelados, preservando a privacidade dos envolvidos.

Mediada 1

"Não conhecia a mediação. Em um primeiro momento vi como algo extremamente novo, apesar de a palavra ser conhecida. Enxerguei como positiva a expectativa de diálogo mediado, com a possibilidade de que ele ocorresse.

Foram momentos intensos de revisão e lembrança de fatos ocorridos, com a possibilidade de reposicionamento de ambas as partes.

Recomendaria o uso porque proporcionou momentos de reflexão e a possibilidade de reposicionamento. Foi um espaço que me possibilitou um giro de 360 graus em relação a vivências passadas, a atual e a perspectiva de um futuro mais tranquilo, para meus filhos e para mim mesma. Momentos que, no meu caso, foram vividos de forma intensa.

Após os encontros, as coisas com o meu ex-marido não mudaram, mas eu mudei. Percebo que passei a ver os meus filhos com outros olhos, não mais como crianças que precisavam da mãe para defendê-los o tempo todo, mas que deveriam ser auxiliados de maneiras diferentes, para que pudessem aprender a lidar com as situações que porventura viessem a ter com pai deles, justamente porque as coisas não mudariam."

Mediada 2

"Conheci a mediação depois de audiência com a Dra. Tarcisa de Melo Silva Fernandes.

Foi excelente para mim, para o meu filho e, acredito, para o pai dele também. Tínhamos mágoas guardadas e a mediação ajudou a colocarmos tudo para fora. Por mais que fosse difícil e doloroso, aos poucos conseguimos e aprendemos a lidar com a dificuldade e focar no principal, que é o nosso filho.

Com certeza, usaria novamente a mediação e a recomendaria para outras pessoas. Sou grata por terem nos ajudado."

Mediada 3

"Não conhecia a mediação e nunca tinha ouvido falar dela antes de conhecer o Fórum do Tatuapé. No início, fiquei um pouco constrangida, pois teria que falar sobre minha vida para pessoas desconhecidas.

Minha relação com o pai do meu filho não existia mais e nem falávamos sobre o nosso filho. Era algo muito triste que me fazia mal e ao meu filho também, pois o pai não ia vê-lo.

No primeiro dia da mediação já saímos da sala nos sentindo mais leves, pois pudemos expressar o que estávamos sentindo e um pôde entender um pouco o outro.

As sessões seguintes foram de grande valia, já que pudemos ao menos ser mais compreensivos um com o outro em prol da criação do nosso filho.

Acho que esse trabalho deveria ter uma continuidade, pois os desentendimentos acontecem e, caso houvesse uma continuidade de três em três meses, por exemplo, tenho certeza de que os processos seriam mais tranquilos e as crianças teriam ambos os pais unidos em prol da sua criação, independente de não serem mais um casal."

Mediado 4

"Não tinha conhecimento desse tipo de trabalho de mediação. No apanhado geral, gostei bastante.

O lado positivo foi não ser algo tão formal como aconteceu na frente da juíza. Foi quase um bate-papo, deixando-nos à vontade para expressar o ponto de vista de cada um.

Como lado negativo, destaco o fato de serem várias reuniões em um curto espaço de tempo, o que pode ser ruim para quem trabalha.

A mediação despertou em mim a abertura para ouvir e entender o ponto de vista do outro, deixando o rancor e a raiva para lá, pois estava sendo tratado algo muito mais importante: a vida do meu filho. Minha advogada disse: 'vá de coração aberto'.

Foi uma experiência muito bacana. Não só recomendaria para outras pessoas, mas recomendaria que em outros fóruns efetuassem um trabalho igual ou similar. Porque no meu primeiro processo de pensão alimentícia não houve nada disso, apenas um único dia na frente do juiz, no qual foram definidos a guarda, o valor, a data de pagamento, o dia e horários de visitas."

Mediado 5

"Conhecia a mediação, porém de um modo superficial.

A impressão foi, de modo geral, positiva. Além de outros aspectos, vi profissionais compromissados e se esforçando para fazer um bom trabalho. Quanto a possíveis aspectos negativos, menciono o longo intervalo entre reuniões de mediação, o que torna o processo moroso, a percepção de que talvez um mediador não tenha atuado de modo isento e o uso que a outra parte fez do processo, já que não pretendia chegar a uma solução dialogada, mas retardar uma decisão.

Usaria e recomendaria a mediação, pois se trata de uma estratégia baseada no diálogo. Porém, ela deveria começar imediatamente após impasses, ser mais proativa e frequente."

Casos de mediações

Neste capítulo, são apresentadas informações pontuais e relevantes de alguns casos de mediações realizadas no Fórum Regional do Tatuapé, nos quais o estímulo ao diálogo e a confiança dos mediados no trabalho de mediação foram o diferencial. Não usaremos os nomes, e sim os personagens, para preservar a privacidade dos envolvidos, inclusive dos mediadores que trabalharam nesses casos e os narram a seguir.

Como diz Maria Cecília Carvalho Silva Tavares, "Os casos relatados servem como uma amostra do quanto o trabalho de mediação, paralelo ao do Poder Judiciário, pode ser de grande valia para as pessoas envolvidas em um processo. Entender e administrar o conflito em um ambiente focado na comunicação, empoderar-se e ter a oportunidade de decidir a melhor solução para o seu próprio caso é assumir o papel de protagonista da própria história e fortalecer-se para enfrentar novas contendas da vida".

CASO 1

Protagonistas: pai, mãe e filho de 8 anos.

"Havia 3 anos que o pai estava obrigado judicialmente a visitar seu filho no CEVAT, espaço monitorado por psicólogos judiciais e assistentes sociais, que dá suporte aos juízes das Varas de Família em processos que versam sobre a regulamentação de visitas, em que há situação de risco para a criança. Iniciou-se a mediação por meio de uma reunião individual com cada um dos mediados (pai e mãe), ambos acompanhados de seus advogados.

A mãe foi mais resistente em seguir com a mediação; porém, com os esclarecimentos sobre o procedimento e o acolhimento dos mediadores nesse contato inicial, foi possível estabelecer uma relação de credibilidade e confiança com a mediada, o que propiciou a continuidade.

Reunidos os mediados, a mãe logo manifestou sua posição no sentido de que – 'por medo' – não queria que seu filho estivesse com o pai fora daquele espaço, pois aos 3 anos de idade o menino teve a 'mão queimada' por ele.

O pai, por sua vez, negou ter feito qualquer mal ao filho, disse que estava sujeito a uma 'pseudo interação' com ele e passou a expressar seu constrangimento por vê-lo de 15 em 15 dias, por ter que permanecer em um espaço controlado por agentes de segurança, por constatar que a criança, 'já com 8 anos', cada vez menos o reconhecia como pai, e que isso se dava por estar 'manipulada' pela mãe e avós.

Em diversos momentos afirmou querer exercer seu papel de 'pai por inteiro', ficar com o filho ao ar livre, acompanhá-lo no esporte, levá-lo a eventos culturais e ficar com ele pelo menos um dia inteiro por semana, não apenas as quatro horas quinzenais dentro do CEVAT.

Durante boa parte da mediação a mãe manteve postura de desconfiança, fez referências a um passado de descaso na relação pai/filho e chegou a afirmar que o filho não precisava de um pai.

É função importante dos mediadores acolher os sentimentos que emergem dos mediados, bem como aplicar técnicas de incentivo ao diálogo e respeito mútuo, essenciais ao desenrolar da mediação.

Nas duas primeiras reuniões, a mãe relutou em escutar o pai, limitando-se a desqualificá-lo, a insistir na questão da mão queimada e a manter sua firme posição de não deixá-lo ver o filho fora do CEVAT.

Entretanto, apesar da evidente dificuldade de comunicação, não houve resistência dela, nem do pai, em dar continuidade à mediação o que, na visão dos mediadores, foi um indício de disposição futura para um diálogo mais fluido.

Em nova reunião, a abordagem dos mediados se direcionou ao filho; seu modo de ser, sua inteligência, sua escola, sua vida cotidiana. Tendo vislumbrado uma possibilidade de melhora na comunicação, os mediadores solicitaram aos pais que escrevessem como cada qual prospectava a vida futura do filho.

Feito isso, foi pedido que trocassem os papéis e lessem o que o outro registrara e, na medida em que cada qual foi se posicionando em relação ao pensamento do outro, acerca do futuro do filho, o diálogo entre eles começou a evoluir ainda mais.

O que se deu, nesse caso, foi que uma forma escrita de comunicação interpessoal, excepcionalmente utilizada, abriu caminho para que os mediados começassem a se afastar de suas posições e passassem a escutar o outro, o que tornou o ambiente menos hostil e permitiu maior interação.

A partir daí, aprofundou-se uma narrativa em que apareceram novas questões pertinentes ao conflito, como a influência da avó materna, preconceito racial, nova percepção em relação à 'mão queimada' e, até mesmo, foi cogitada a possibilidade de encontros do pai e filho fora do CEVAT.

Por opção dos mediados, que manifestaram interesse em aguardar audiência judicial que ocorreria em poucos dias, o trabalho de mediação foi encerrado, com a convicção dos mediadores de que o passo para o entendimento do conflito e possível solução fora dado.

Posteriormente, fomos informados de que nessa audiência houve um acordo entre eles, nos moldes do que haviam conversado na mediação, notadamente com a dispensa das visitas dentro do CEVAT."

CASO 2

Protagonistas: ex-marido, ex-esposa e o filho de 2 anos.

"O ex-marido ingressou na sala de mediação com evidente contrariedade e sem olhar para ex-esposa; no entanto, ouviu atentamente as explicações sobre o procedimento de mediação e concordou – juntamente com ela – em participar.

Em sua fala inicial disse ser pessoa rancorosa, que, quando passava por uma situação de raiva, 'não esquecia, nem perdoava'. Que foi esse o seu sentimento quando recebeu a intimação de uma audiência em processo de pensão e guarda. Na sequência, ter estado à frente dela em um tribunal, foi 'difícil' e deixou 'mágoa'. Explicou ainda que naquela audiência havia sido fixado o valor da pensão alimentícia e que a Dra. Tarcisa havia sugerido participar de uma mediação.

A ex-esposa mostrou tranquilidade ao falar. Sem tirar os olhos do ex-marido, começou o seu relato falando sobre o filho, e o quanto para ela foi importante tê-lo quando estava 'à beira dos 40 anos' e imaginava que isso não seria mais possível. Que se sentia realizada por ter concretizado um 'projeto de vida'.

O ex-marido ouviu, sem retrucar, e ao retomar sua fala voltou seu discurso aos seus filhos. E que gostava de fazer 'coisas de pai' com os os três; que tinha 'orgulho e respeito' por eles e que, se dependesse somente de sua vontade, teria 'mais 10'.

Nesse momento, virou-se para ela e disse que 'uma coisa da qual se arrependeu na vida' foi ter proposto o aborto a ela e às duas mães de seus outros filhos.

Diante da menção ao aborto, a mediação tomou outro rumo. O ex-marido passou a se dirigir diretamente à ex-esposa e os mediadores perceberam sua emoção quando ela disse que o filho foi fruto de um 'relacionamento de amizade', razão pela qual ficou 'triste' quando seu amigo falou em aborto.

Cabe aqui ressaltar que tão somente nesse momento falaram sobre o vínculo que os uniu: trabalharam na mesma empresa, foram companheiros inseparáveis e essa convivência reforçou o vínculo de amizade. Não moraram juntos, nem houve essa pretensão.

A ex-esposa começou a discorrer sobre o tempo em que soube da gravidez; de sua alegria e da preocupação por não estar segura da reação do ex-marido. A gravidez foi 'feliz', segundo disse, mas o relacionamento com o amigo 'não foi mais o mesmo' após ter sido aventado o aborto. Ficou 'decepcionada', especialmente por ele já ter outros dois filhos e saber que para ela era um 'ideal' ter um.

A par disso, ela idealizou que por ser 'um bom amigo' ele também seria um 'bom pai'. Ele acompanhou a gravidez, o parto e os primeiros meses; depois começou a se afastar. Nenhum dos mediados se manifestou sobre a razão desse comportamento.

Na segunda reunião dessa mediação, os mediados entraram na sala com postura bem diversa da vez anterior, rindo e conversando amigavelmente. O mediado foi logo dizendo que o rancor havia passado. Mostrou-se descontraído e alegre ao contar que havia estado com o filho, que não o via há cerca de um ano.

Falou carinhosamente sobre os dias em que esteve junto com ele; o que comeram, como brincaram e o quanto se 'sentiu homem' por agir como pai. Visivelmente emocionado, passou a fazer um depoimento sobre o seu próprio pai, definindo-o como alguém que não procurou ser seu amigo, tampouco esteve presente em sua vida. Foi um relato emocionante. Chorou e prometeu à mediada que seria um pai bem diferente do seu. Ela, também comovida, disse que o seu sentimento era de 'felicidade' por tê-lo como amigo e pai de seu filho.

Com essa sinergia, os mediados passaram a falar sobre o que almejavam para o futuro pessoal e profissional, ambos incluindo o filho em seus respectivos propósitos de vida. Igualmente combinaram como seriam os encontros de pai e filho e concordaram em dar encerramento à mediação e ao processo judicial, o que foi feito por meio do Termo de Acordo da Mediação.

Ao final, agradeceram aos mediadores pelo auxílio na comunicação. Rancor e mágoa ficaram para trás. O diálogo e a relação de amizade foram resgatados."

CASO 3

Protagonistas: casal em processo de separação.

"O casal, na faixa dos 50 anos, entrou tímido e cabisbaixo na sala de mediação. Os mediadores acolheram, explicaram pausadamente o procedimento, perguntaram se haviam entendido as características da mediação e, só depois de vê-los mais à vontade, deram início.

Ele foi o primeiro a falar e, de pronto, manifestou sua contrariedade e seu inconformismo com o fim do casamento, solicitado pela esposa. Fez questão de enfatizar que já havia dito para a juíza (em audiência anterior à mediação) que 'não queria isso'. Ela confirmou sua intenção em separar efetivamente e passou a reclamar de seu 'sofrimento' durante os vinte e poucos anos de união, da falta de afeto da parte dele com os filhos (dois adultos e uma menor de idade) e da 'ignorância' do marido. Contou também que o casamento ocorreu na década de 1980, que teve 'só seis meses bons' e que o problema era a 'mulher'.

O mediado prestou atenção às palavras dela e disse que 'nunca' teve chance de conversar 'essas coisas' com ela. Explicou que a 'mulher', ou 'mulheres' a que a esposa se referiu eram 'clientes' de seu trabalho de pedreiro, e que 'iria mudar' e 'procurar seguir o que é certo' quanto ao relacionamento com a esposa e os filhos.

A partir daí, os mediados passaram a falar a respeito de situações cotidianas: das despesas da casa; da falta de atenção aos filhos e ausência de ajuda financeira da parte destes últimos; da casa da família construída por ele; dos móveis que foram comprar juntos após a audiência judicial.

Ambos reclamaram da falta de carinho e de atenção no relacionamento e que 'esforços' seriam precisos para mudar essa realidade. Ele ainda se comprometeu a tentar se comunicar melhor com os filhos.

O espaço para o diálogo foi por eles aberto!

O primeiro encontro dessa mediação foi encerrado e houve interesse na continuidade. À saída, o mediado agradeceu e disse: 'a palestra está sendo agradável e boa' e, ela, 'foi bom conversar; mas o que eu quero mesmo é sair fora desse casamento'.

A segunda reunião se deu quatro semanas depois. Voltaram para a mediação mais alegres. Ela informou que o relacionamento havia melhorado e que estavam conseguindo conversar sem brigas e, 'se continuasse assim, estava bom'. Também afirmou que mudou 'um pouco' seu desejo sobre o 'desligamento do casamento'.

Ele relatou que estava tentando melhorar o relacionamento com ela e os filhos, e 'fazer dar certo', mas teve dificuldades de falar com os dois maiores. Em relação à filha menor, 'sentia-se mais próximo'.

Nesse dia apareceu a pretensão dela de se mudar para o Nordeste quando se aposentasse, o que ocorreria em breve. A par disso, comentou que, se tivesse certeza da 'melhora' dele, 'cancelaria tudo'. 'O que espera dele'?, perguntou o mediador, e ela respondeu: 'me dar mais atenção, me ouvir, não brigar por qualquer coisa'.

Ele escutou e manteve-se reservado, absorto e fez duas observações: que reconhecia o 'sofrimento' da esposa e gostaria de poder 'passar uma borracha' em seus atos. Com esses sinais de melhora na comunicação, em consenso, ficou acertada uma nova reunião três meses depois.

No dia marcado, confirmaram e vieram para nova reunião. Ambos estavam mais comunicativos, alegres e próximos. Ela assegurou que o marido melhorara muito, e que 'agora estavam conseguindo conversar sossegadamente', enfatizando que 'sem brigas'. Ele, por sua vez, ressaltou que 'estava fazendo o máximo' para o casamento não entrar em crise novamente.

Ficou nítido que o diálogo havia sido restabelecido. Para ratificar a vontade dela, os mediadores perguntaram a ela qual a sentença que daria no seu processo. Prontamente respondeu: mais uma chance para o meu marido e a continuidade do casamento.

E assim foi feito, fazendo constar do Termo de Acordo da Mediação o interesse pela desistência da ação de divórcio.

Esse foi um caso típico em que o resgate da comunicação permitiu ampla reflexão, revisão de atitudes e auxiliou a reconstruir um casamento."

CASO 4

Protagonistas: mãe, pai e filha.

"Em outubro de 2016, tivemos uma mediação que nos chamou a atenção. Compareceram o pai (requerido), a mãe (representante legal) e uma menina com 9 meses de idade (requerente). Era visível a ligação da criança com o pai e vice-versa. Ela queria sempre o colo do pai e ele demonstrava muito amor e carinho pela filha. O diálogo estava presente entre os pais.

Durante o desenrolar da reunião, o conflito foi ficando mais claro. A mãe queria ter em mãos um documento 'oficial' que garantisse o pagamento da pensão alimentícia da filha.

O pai já pagava pensão de R$ 300,00 (decisão judicial) para uma filha de 1 ano e 8 meses que teve com a primeira mulher e R$ 199,00 (acordo extrajudicial entre as partes) para outra filha de 1 ano e 5 meses que teve com a segunda mulher. Sobraram para ele viver R$ 768,00 e, a título de pensão, propôs pagamento de R$ 250,00 para a filha de 9 meses.

Depois de muito conversarem, perguntamos se estavam confortáveis com o acordo e se poderia ser encaminhado para homologação e aí veio a surpresa! O pai revelou que confortável mesmo ele não estava, porque em três meses nasceria a quarta filha, que teria com a primeira mulher, e precisaria rever a pensão da filha mais velha, já que voltara a viver com a mãe dela.

Nesse momento os mediandos entraram em atrito, o que inviabilizava o acordo e sua homologação. O pai, no entanto, demonstrando preocupação com a filha, solicitou que o acordo fosse homologado porque a filha não poderia ficar sem a pensão e depois ele resolveria a questão da pensão da filha mais velha.

Investigamos se realmente era isso que desejavam e a resposta foi enfaticamente positiva, motivo pelo qual o acordo foi encaminhado para homologação.

Para nossa surpresa, enquanto estávamos realizando a próxima reunião de mediação, um policial bateu em nossa porta dizendo que estavam levando para delegacia os mediados que tinham acabado de realizar o acordo, por terem se agredido fisicamente no corredor do Fórum.

Posteriormente, nos foi informado que o fato foi relatado à juíza, que determinou a audiência de instrução imediatamente, com a presença da polícia para garantir a segurança."

CASO 5

Protagonistas: avó, pai e filhos.

"Uma vez, iniciando a mediação, compareceram os mediandos acompanhados de seus respectivos advogados. Era um caso relacionado a pedido de guarda pela avó materna de dois de seus netos, que eram criados pela filha que falecera repentinamente, e que eram cuidados por essa avó nos momentos em que a filha trabalhava. No dia do velório da filha, o ex-esposo, com a justificativa de que cuidaria dos filhos por aquela noite, levou-os e não mais os deixou ter contato com a avó, que sofria com a falta deles.

Logo de início, observei que a advogada da avó estava impaciente, ao contrário da advogada do pai dos menores, que se mantinha serena, sem expressar qualquer reação. No início da mediação, a advogada da avó, mesmo tendo sido orientada de como seria o procedimento de mediação, de que ali era o momento de os mediados conversarem e, se possível, compreenderem os interesses e necessidades comuns, o bem dos menores.

A avó falou por vários minutos quais eram suas angústias, preocupações e interesses, passando a palavra para o pai, que até aquele momento se mantinha totalmente inerte, só prestando a atenção na fala da avó que o acusava de ausente e violento, relatando inclusive momentos de agressão.

Iniciando sua fala, o pai rebateu as acusações da avó, dizendo que os filhos é que queriam ficar com ele e que iria respeitar qualquer escolha que eles pudessem fazer, abrindo, assim, a possibilidade de que, se a avó estivesse certa nas suas acusações, certamente as crianças iriam querer morar com ela.

E assim o diálogo entre os mediandos foi evoluindo, quando, num determinado momento da reunião, a advogada da avó se levantou e afirmo 'sra. mediadora, será que podemos ser mais objetivos e irmos aos *finalmentes*? Sei como isso funciona, já fui conciliadora no fórum e sei que a maioria das audiências de conciliação são perda de tempo e as partes nunca chegam a um acordo, deixando sempre para o juiz decidir. Tenho muita coisa para fazer e não posso ficar aqui perdendo meu tempo'.

Agradeci aquela manifestação e informei que era bem-vinda, muito embora os mediandos estivessem apresentando temas que a mediação sempre está aberta a acolher. E que, se fosse da vontade de todos, iríamos tratá-los mais objetivamente. A avó, porém, pediu para ela ter um pouco de paciência, pois gostaria de continuar a falar sobre os temas que considerava serem relevantes para ela, os menores e seu pai.

A advogada percebeu que sua cliente de alguma forma estava reconhecendo efetivamente qual seu papel na mediação e que tinha realmente vontade de conversar com o pai das crianças, sendo que logo a seguir iniciaram algumas tratativas, porém, pelo adiantado da hora e algumas dúvidas do pai, em consenso resolveram marcar outra reunião para 15 dias depois. Nesse momento, para minha surpresa, as advogadas, tanto da avó quanto do pai, decidiram que seus clientes poderiam estar sozinhos na próxima reunião, já que haviam conhecido o processo e estariam seguros para continuarem o diálogo. Mais surpresa ainda fiquei quando recebi um agradecimento da advogada da avó, dizendo que nunca havia participado de um processo de mediação tão bem trabalhado, tanto em relação ao acolhimento de todos como em relação à utilização de técnicas que levaram ao reconhecimento mútuo dos direitos e deveres de ambos em relação aos menores. E ainda em relação à participação dos advogados.

Na segunda reunião, os mediandos compareceram sem os respectivos advogados e iniciaram as tratativas de um acordo parcial, no qual o pai ficaria com as crianças, dando aos avós o direito de visita por 6 meses e, caso os menores quisessem alterar a situação de alguma forma, seriam ouvidos e atendidos e que ambos não mediriam esforços para estarem sempre juntos sempre pelo bem-estar das crianças.

Os advogados foram chamados para uma terceira reunião para formatarem os termos jurídicos do acordo, que foi homologado pela juíza."

CASO 6

Protagonistas: ex-marido e ex-esposa.

"Um caso interessante foi um em que o casal se conheceu pela internet e se casaram. Ela era gerente de um banco de uma cidade do Paraná, mãe de duas filhas, e ele era empresário, solteiro, estrangeiro, necessitando de um casamento para manter-se no Brasil. Após o casamento vieram morar em São Paulo com as duas filhas dela, que haviam entrado na universidade e estavam morando sozinhas na capital paulista. Ela veio transferida de agência.

A alegação dela é que ele havia se aproveitado da sua ingenuidade e do cargo que exercia no banco para fazê-la pedir empréstimos. Havia investido os valores na empresa, da qual já era dono, e com a separação não lhe cabia nada, estando ela endividada, sem nenhum patrimônio. Ele rebatia dizendo que para ela também havia sido um casamento de fachada, para que pudesse ser transferida para São Paulo e ficar com as filhas e que os empréstimos foram feitos para manter a família e os luxos das filhas, nos quais ele não tinha nenhuma participação.

O advogado dele parecia envolvido emocionalmente na causa, já que em todas as reuniões trazia consigo planilhas e mais planilhas de cálculos, tentando anular os pedidos dela e instigando seu cliente a não ceder nada do que lhe pertencia, mesmo que a medianda ficasse na rua, já que moravam no apartamento que estava em nome dele e que ela alegava que havia ajudado a pagar.

O advogado dela, ao contrário, conhecedor da mediação, buscava fazer com que se escutassem para a partir daí buscar solução para as controvérsias, dizendo sempre que deveriam pensar no conflito como um todo na vida deles e o quanto isso estaria prejudicando a vida de cada um, ajudando até a fazer com que o reconhecimento aparecesse dos dois lados, ou seja, deixando claro o esforço mútuo em manter a família até a separação.

Depois de outras duas reuniões o advogado do mediando já estava familiarizado com o processo de mediação, colaborando com o diálogo, saindo da sala com o colega por diversas vezes para que os mediados conversassem apenas comigo, o que culminou em acordo com divisão dos bens e das dívidas."

CASO 7

Protagonistas: mãe, pai e filha.

"Em uma das primeiras mediações de alimentos que fizemos no período da tarde, os mediadores se apresentaram e ressaltaram que quem busca a solução são as pessoas. A mãe estava representando seu filho, de 15 anos na época. Ela ingressou com pedido de alimentos para o pai.

O pai compareceu e começou falando que a juíza 'arbitrou' R$ 400,00 por mês, a ser pago todo dia 10, e que esse valor 'não dava para ele'. Ele pagava a pensão desde os dois anos de idade do filho, contudo os últimos quatro meses estavam atrasados e ele deveria pagar R$ 330,00 por mês. Contou que se casara novamente e tivera outra filha, que iria fazer quatro anos. Ele costumava pegar o filho todo domingo, mas 'de uns tempos para cá, deu uma afastada'. Todos moravam próximos, e filho frequentava inclusive a casa da avó paterna. O pai era autônomo, trabalhava com entrega de mercadorias, recebendo a remuneração por dia.

A mãe disse que tudo o que ele falou era verdade, somente não concordava que o pai era muito próximo: 'carinho não dá para cobrar, o pai tem que ter a responsabilidade de ajudar o filho dele'. Ela também tinha outra família, o marido e um filho de 8 anos, e gostaria que o pai fosse mais presente na vida do filho. O pai respondeu, dizendo que não fazia dois meses que se afastara. Discutiram muito, com pontos de vistas distintos; a mãe dizia que ele não era presente desde que o filho tinha 10 anos, ele enfatizava estar presente. Eles nunca viveram juntos: ambos tinham 15 anos quando ela engravidou.

A mediadora questionou a mãe sobre o motivo de ter entrado com o pedido de alimentos naquele momento. Ela respondeu que o pai prometera depositar um valor para viajarem em dezembro do ano anterior (a mediação foi em julho), e não havia sido feito o depósito. O problema, segundo ela, era que ele não tinha dia certo para pagar, não sendo possível contar com o dinheiro da pensão. Ela queria ouvir dele um valor que ele poderia pagar numa data certa, para ela se planejar. A mãe informou que trabalha em dois empregos e que não precisaria desse dinheiro. Ela sentia toda a responsabilidade da criação do filho sobre ela e achava que o filho não tinha a figura de um pai, nem com o marido dela, com o qual era casada há 11 anos. Durante todo o tempo, ela ficava com a bolsa no colo e os braços cruzados. O pai prometeu que vai conversar com o filho.

Como ele disse que já pagava pensão desde os dois anos do filho, Teresa de Godoy (supervisora), que estava presente na sala para auxiliar a manejar os instrumentos de informática do Fórum, informou sobre a existência de outro processo na 2ª Vara da Família, proposta por ele. Assim, o pedido do filho, representado pela mãe, deveria ser extinto por falta de interesse.

Mesmo assim, os mediadores continuaram o diálogo. A mediadora perguntou a ele como acha que poderia acertar esse valor em aberto, R$ 1.320,00. Ele diz que poderia pagar a pensão do mês mais duas parcelas, mantendo o valor de R$ 330,00, e não mais os R$ 400,00 que eram os provisórios, já que o processo seria extinto. Teresa enfatizou que, se eles estavam combinando de resolver daquela maneira, e cumprirem, não havia motivos para ter o processo. Infelizmente, não haveria como formalizar o acordo porque a ação revisional era de outra vara. Para ambos, não havia a necessidade de colocar no papel. Os mediadores deixaram aberta a possibilidade de voltarem para a mediação.

Percebemos, portanto, que mesmo sendo uma mediação com um foco, as discussões não se limitaram ao valor dos alimentos. Falaram da relação entre eles e da relação com o filho, da convivência que tinham e gostariam que o outro tivesse com o filho."

CASO 8

Protagonistas: mãe, pai e filha.

"Confesso que não entendia muito bem, antes do período em que fiz estágio, como poderia haver um acordo, sem concessões, até que numa das primeiras mediações de que participei, a mediadora atendeu uma família de pai, mãe e filho, com um ano de idade.

O pai havia ingressado com ação judicial para obter autorização para ficar com seu filho durante finais de semanas alternados e exercer seu direito de visita. A mãe não queria que o pai pegasse a criança e a levasse para dormir na casa dele, pois se preocupava com a saúde e segurança do filho, o que é compreensível pelo instinto maternal que move a mãe de filho pequeno.

Após a fase de investigações, na qual a mediadora, de maneira imparcial, sem críticas ou julgamentos, ouviu os interesses do pai e pôde perceber suas necessidades, e buscou saber os motivos que levaram a mãe a ter receio de deixar a criança dormir com o genitor, descobriu-se que o bebê, em uma das visitas em que foi para a casa do pai no final de semana, estava um pouco gripado e piorou muito. Daí nasceu o medo da mãe em deixar o bebê dormir na casa do pai, pois, segundo o entendimento dela, o pai não agasalhou o filho suficientemente e, principalmente, não ministrou o antibiótico que o bebê estava tomando, tendo sido o responsável pela piora da sua saúde.

A mediadora, após amplo diálogo, constatou que o pai queria exercer seu legítimo direito e que a genitora havia perdido a confiança nele, em relação aos cuidados com o filho. Então, no momento da criação de opções, começou a fazer perguntas, sem tentar demover a genitora de suas crenças, mas, sim, buscando novas alternativas para que o pai exercesse o direito de conviver com o filho e que a mãe, de outro lado, pudesse sentir-se segura quanto ao bem-estar do bebê durante a estadia deste com o genitor. Ou seja, que os próprios mediados tivessem ideias para satisfazerem ambas as necessidades, dentro da realidade.

Foi quando se lembraram de que havia uma babá de confiança dos pais. Com essa opção da babá de confiança de ambos, a mediadora perguntou para o pai se se sentiria confortável com a presença dessa babá durante o final de semana. Ele respondeu que em nada a presença dela o incomodaria e perguntou para a genitora se esta sentiria segurança caso o bebê ficasse na casa do pai no final de semana, com a presença da babá. A mãe, de pronto, disse que sim.

Desta forma, ambos estariam com suas necessidades e interesses atendidos. Foi celebrado o acordo, sem concessões, que eu tinha dificuldades para imaginar, na prática, como seria.

A mãe não precisou fazer concessões quanto à falta de confiança que, naquele momento, a inquietava. O pai não abriu mão da sua necessidade de conviver mais tempo com seu filho, exercendo seu direito de pai. Assim, ambos saíram satisfeitos e o acordo foi celebrado, pondo fim ao processo judicial, garantindo que aquele conflito terminasse e, consequentemente, aquela criança não sofresse os danosos efeitos da continuidade do conflito intenso entre seus pais."

CASO 9

Protagonistas: mãe, pai e filha.

"Uma experiência que se passou na 3ª Vara da Família do Fórum do Tatuapé mostra como uma mediação, mesmo sem resultar em acordo, torna-se uma oportunidade para que os participantes se escutem e talvez reflitam. Importante dizer que essa reflexão abarca a todos, os mediados, seus advogados e mediadores. O mediador sempre reflete sobre o que está mediando e como aquilo o impacta.

O casal já estava divorciado e dessa união nasceu uma menina que estavam disputando. Ambos queriam a guarda e usavam de todos os artifícios para consegui-la.

O grande desafio foi acalmar o pai. Detentor de uma personalidade impulsiva e dominante, não conseguia conter sua raiva e indignação resultantes da injusta acusação de abusar da filha e tentava prevalecer sobre a mediação e os mediadores. A mãe se mostrava mais fria e controlada e sabia como provocar o ex-marido para que este perdesse o controle. Foram quatro reuniões extremamente tensas e, ao final de cada uma delas, todos deixavam o recinto com um enorme ponto de interrogação dentro de si, questionando-se como fazer melhor ou mais adequadamente da próxima vez.

O pai, na verdade, queria um pedido de desculpas da ex-companheira pela insinuação de abuso no processo. Gostaria também que seu amor e dedicação à filha fossem reconhecidos. Só que ele se tornava mais agressivo quando esse quesito era abordado, usava palavras rudes e agressivas, e a mãe, que com ele competia, fechava-se mais na sua posição de confronto. Mesmo com todas as técnicas usadas, tínhamos a impressão de que voltávamos à estaca zero. Quando achávamos que tínhamos avançado um pouco, o pai tinha um ataque de fúria. O processo estava se tornado desgastante para todos.

O que fazer em casos desse tipo? São mediáveis? Fica alguma coisa da mediação?

Casos desse tipo requerem uma atenção redobrada. O emocional está à flor da pele e é necessário ter muita escuta. Algumas reuniões individuais ajudariam para que os mediandos se sentissem mais escutados e validados.

É melhor esperar por outro momento quando as emoções estão muito fora de controle. Nessa mediação, o pai estava descontrolado e queria comandar tudo e a todos para conseguir o que queria. Ficamos na dúvida se ele queria compor algo mais saudável com a ex-companheira ou simplesmente barganhar.

Pode acontecer de as pessoas irem para a mediação só para conseguirem algo factual que almejam. Não acredito em mediações nesses casos, porque ferem o princípio da boa-fé.

Contudo, alguma coisa da mediação sempre permanece. Algo que se escutou e que não conhecia, elementos da outra pessoa que podem modificar, pelo menos um pouquinho, a visão e percepção que se tinha.

Na quarta reunião, decidimos que não continuaríamos. Não percebíamos melhoras e tínhamos certeza de que os mediandos não conseguiam se escutar. Ao dizermos que não poderíamos continuar, o pai disse que gostaria de continuar e pediu desculpas pelo seu comportamento. A mãe declarou que seu advogado fez uma besteira em acusar falsamente ao pai. Mesmo assim, não havia clima para continuar naquele momento. Uma pausa era necessária.

Qual o resultado disso? O casal se respeitará algum dia? Farão algum esforço pelo bem-estar psicológico da filha? Pode ser. Mesmo que não tenham dado o braço a torcer, alguma coisa sobre o ponto de vista do outro ouviram. Puderam perceber que conseguem se magoar de forma tão profunda, prejudicando a menina que já estava começando a apresentar distúrbios emocionais aos quatro anos de idade.

Valeu a mediação?

Sempre vale. Mesmo que não tenham chegado a um acordo, ouviram declarações e arroubos emocionais que talvez não conhecessem ou supunham de outro jeito. Caso reflitam sobre isso, já possuem um elemento modificador e de certa forma apaziguador."

CASO 10

Protagonistas: ex-companheiras.

"Um caso muito interessante aconteceu em 2015. Eram duas senhoras que tinham uma relação estável, moravam juntas em um apartamento e tinham dois cachorros. Após a separação, uma delas ficou morando no apartamento juntamente com os dois cachorros. A outra ingressou com uma ação para reaver metade do apartamento. Houve diversas reuniões de mediação e não parecia que chegaríamos a um acordo. O interessante era que a questão do apartamento basicamente não aparecia durante as reuniões, sendo os cachorros os verdadeiros centros da disputa entre elas. Na última reunião, as duas compareceram bastante exaltadas, brigando muito e relembrando problemas do passado. A que estava morando no apartamento havia feito uma proposta que a outra havia achado ultrajante. Tratavam-se com certo carinho, mas a comunicação estava bem complicada. Quando íamos encerrar a mediação, pela impossibilidade de diálogo, um discurso sobre passado e futuro mudou completamente o rumo do caso. Depois de ouvir o discurso, a senhora que havia ingressado com a ação judicial disse que aceitaria a proposta, desde que a outra lhe entregasse um dos cachorros no dia seguinte. Assim ficou combinado e as duas saíram de lá muito satisfeitas e nos agradeceram bastante. Nosso trabalho, na busca do real interesse das mediadas, fez toda a diferença. No Judiciário, provavelmente o resultado desse processo seria ruim para ambas."

CASO 11

Protagonistas: ex-companheiros.

"Certa feita, a mediação foi realizada entre ex-companheiros, que tiveram juntos uma filha. A mãe da menina, que tinha sua guarda, havia iniciado a execução de alimentos contra o pai, que não adimplia as prestações alimentícias. No entanto, na mediação, a mãe esclareceu que não precisava desse dinheiro, pois estava estabilizada com seu novo marido. Tomara essa iniciativa como forma de estimular o pai da criança a visitar a criança mais vezes, já que ela sentia falta da presença paterna. O pai da criança, por sua vez, mostrou-se extremamente interessado em ver a filha, esclarecendo que apenas não o fazia por vergonha, em decorrência do inadimplemento das prestações alimentícias. Com isso, estabeleceu-se uma comunicação entre os mediandos, antes inexistente, e aflorou o interesse comum de convivência do pai com a filha, ainda que não fosse possível o pagamento da pensão alimentícia, questão relegada ao segundo plano pelos mediandos. Concordaram, então, em iniciar o regime de visitas, o que foi frutífero e benéfico a todos os envolvidos, conforme constatado em posterior reunião de mediação com eles, no mês seguinte."

CASO 12

Protagonistas: um casal.

"Um casal chegou à mediação em meio a uma ação de divórcio. Tinham uma filha pequena e eram sócios da mesma empresa, de modo que trabalhavam juntos diariamente. Em razão da convivência, diversos atritos surgiram, especialmente em decorrência das questões atinentes ao trabalho, o que gerava estresse em ambos, que levavam as discussões para dentro de casa e acabavam, com isso, por impactar no bem-estar da filha. Pensando na criança, a esposa requereu o divórcio, mas, diante da calorosa discussão durante a audiência na Vara da Família, a magistrada encaminhou o caso à mediação. Com o estabelecimento do diálogo entre os mediandos, foi possível o esclarecimento de diversas questões que acabavam por não vir à tona em suas rotinas e se exteriorizavam na forma de discussões, o que fez com que eles criassem empatia um pelo outro e passassem a lidar com as situações de modo diverso. Passado um mês, em retorno à mediação, o casal informou ter mudado sua forma de comunicação em casa, o que trouxe de volta o bem-estar da família e culminou na desistência do divórcio."

CASO 13

Protagonistas: pai e filha.

"Uma das reuniões da qual participei era de um pai e uma filha. Nitidamente, um não conseguia escutar o outro. A filha pedia mais participação do pai na sua vida e tinha medo que, devido ao pai estar em um novo relacionamento, ele se esquecesse das filhas. O pai não conseguia compreender essa mensagem. Por outro lado, o pai achava que as filhas só tinham interesse em bens materiais. Nesse caso, só uma das filhas estava participando da mediação.

Durante a sessão da mediação, eles passaram a se escutar e dialogar entre si. Foi muito emocionante ver a evolução dos dois. No final, eles acabaram fazendo um acordo para melhorem o seu relacionamento."

CASO 14

Protagonistas: pai, mãe e filha.

"Nunca me esqueço de uma mediação que fizemos no Fórum do Tatuapé lá pelos idos de 2014 em torno do aumento da pensão alimentícia de uma jovem de 15 anos que morava com a mãe, médica.

A mãe nos pediu que a jovem participasse como parte da mediação, junto com os pais. Debatemos o caso e aceitamos, pois a própria jovem havia demonstrado esse interesse e o pai aceitara.

A reunião de mediação começou bem, mas a comunicação entre os pais escalou para a violência com a lembrança de memórias duras. Mãe e pai começaram a se insultar e a trocar xingamentos. A mãe dizendo que o pai era um pobretão e não tinha onde de cair duro e o pai dizendo que pagara as calcinhas da mãe durante a faculdade de medicina. E a filha começou a chorar. O choro interrompeu imediatamente as ofensas e instalou-se um silêncio constrangedor na sala. Interrompemos a mediação e todos saíram da sala pior do que entraram. Era a primeira vez que vivenciava isto. Fiquei bem chateada – todos nós, mediadores e observadores, estávamos exaustos e frustrados.

Nas três semanas seguintes nenhuma das partes – mãe ou pai – ligou para marcar mais uma reunião de mediação. Qual não foi nossa surpresa quando, na quarta semana, protocolaram um acordo no processo.

Mais uma lição aprendida: não subestimar o poder da mediação. E que cada conflito tem o seu tempo próprio de desenvolvimento."

CASO 15

Protagonistas: ex-marido e ex-mulher.

"Um dos casos mais emblemáticos, para minha experiência e evolução pessoal e profissional, foi o de uma ação de guarda de uma filha de três anos. O conflito era extremamente profundo e delicado.

Houve pré-mediação com cada um dos participantes, houve choro, emoção. Por um momento, a mãe não quis fazer mediação e muito menos estar em reunião conjunta com o ex-marido, mas transformou sua percepção e foi possível reuni-los. O tema, por vezes, era o passado do casal, outras vezes era a filha em comum ou os atuais relacionamentos de cada um. Houve gritos, exaltação, ressentimentos, passado, presente e futuro, sendo este sempre nosso foco. Esse caso teve sete reuniões e não foi finalizado com acordo.

Como sempre faz, a equipe do IMAB se reuniu para tratar dessa mediação, em pausas técnicas ou reuniões pós-mediações em curso. As discussões foram muito interessantes: pude ver como a mediação precisa de ambiente e como pode transformar as pessoas. Apesar de não finalizarem com acordo, os participantes saíram totalmente transformados, pois ainda não estavam aptos para que o conflito fosse solucionado por meio da autocomposição intermediada por um terceiro."

CASO 16

Protagonistas: ex-marido, ex-mulher e filha.

"Em um caso de mediação, foram realizadas seis reuniões. O conflito envolvia a guarda de uma das filhas do ex-casal. Esta filha vivia com o pai e assim ela queria permanecer, pois havia uma identificação por motivos religiosos. Em uma das reuniões, as filhas foram convidadas a participar. Nessa oportunidade, a mãe escutou da própria filha sua vontade de permanecer com o pai. Compreendeu então que não era nenhuma imposição por parte do pai, mas um real desejo da filha deixar as coisas como estavam. As sucessivas reuniões fizeram com que os mediandos tivessem tempo para externar suas opiniões e suas angústias. Ao saírem da última reunião, todos estavam muito emocionados, mas principalmente conscientes de que o acordo foi construído pela família."

CASO 17

Protagonistas: ex-marido, ex-mulher e filha.

"Houve um caso cujo conflito envolvia o desejo do pai de retomar a visitação ao filho, que havia sido interrompida. O motivo eram os problemas de droga que o pai enfrentava, que o levavam a bater no filho. Depois de cada mediando relatar os seus sentimentos, o pai pediu perdão por ter agido sob o efeito de drogas e reconheceu o quanto a medianda era uma boa mãe. O pai externou, ainda, que tinha medo da reação do filho em não querer retomar o contato e de escutar um 'não'. Com esses relatos, o pai percebeu que tinha de enfrentar o problema. Os mediados elaboraram um acordo sobre o regime de visitas para o filho."

Breves observações relativas à prática da mediação na Terceira Vara de Família e Sucessões do Fórum do Tatuapé

Adolfo Braga Neto

Tarefa árdua é apresentar em palavras os sentimentos que unem a todos os integrantes do desenvolvimento e da evolução da mediação junto à 3ª Vara de Família e Sucessões do Fórum do Tatuapé. Vários são os motivos que levam esta afirmação a ser a primeira no presente texto e, também, a ser tão categórica. O presente artigo tem por objetivo oferecer observações pontuais a respeito da atividade lá desenvolvida a partir da contribuição dos mediadores capacitados ou em capacitação pelo IMAB, que não poupam esforços para que o serviço de mediação seja o de melhor qualidade e primando sempre pelo respeito aos princípios e características da mediação.

Nesse sentido, as observações apontarão para os momentos e movimentos que envolvem o processo e seus participantes como um todo. Incluem desde a preparação, com o convite informal realizado pelo telefone, passando pelos momentos iniciais ainda considerados como preparatórios do próprio processo de mediação, a mediação propriamente dita, os resultados que podem advir da intervenção qualificada dos mediadores. Incluem também a permanente disposição do serviço para a eventual retomada ou o retorno dos participantes ao processo, caso considerarem necessário, pois, como será pontuado, a mediação, ao lidar como pessoas envolvidas em um momento de crise da relação entre elas, toma como referência o momento por elas vivenciado em um determinado contexto, que pode sofrer mudanças, exigindo revisão de eventuais compromissos assumidos no processo.

1) O primeiro contato com os futuros mediandos

A responsabilidade pelos contatos com os mediados é da supervisora e mediadora Teresa da Glória Sequeira de Godoy. Num primeiro momento, essa atividade parece burocrática e visa meramente atender uma formalidade, a de formular convite para participar do processo. Na verdade, não é uma atividade tão simples e sem importância como parece; muito pelo contrário, é um momento relevante e crucial, pois se trata da primeira informação aos futuros participantes e, conforme é desenvolvido, poderá ser a base de uma resposta negativa, fazendo com que uma eventual oportunidade de dialogar com a outra pessoa, sua oponente, se perca.

Não por acaso é desenvolvida por uma profissional com vários anos de dedicação à mediação e, portanto, conhecedora do seu processo como um todo – elementos fundamentais para estarem devidamente reunidos e presentes no momento oportuno. Em sendo o primeiro contato, fundamental que seja com alguém que tenha conhecimento sólido sobre o instituto e possa responder a eventuais dúvidas, preocupações e, sobretudo, promover a superação de eventuais resistências que, na verdade, são naturais face ao desconhecimento da mediação. Além disso, imprescindível lembrar que é necessária atenção dobrada diante da falta de interesse dos convidados em participar da mediação. Tal atenção se refere à acolhida atenta ao que é expressado nesse contato telefônico, pois a mediação pressupõe o acolhimento de tudo que está ligado ao conflito, incluindo desde esse momento também os advogados, representantes e assessores legais dos participantes.

É importante enfatizar que esse primeiro contato também faz parte do processo como um todo, sendo a porta de entrada de um novo paradigma, o que reforça ser a referida profissional fator fundamental para a estruturação da continuidade do processo de mediação que se seguirá. Convém esclarecer que seu trabalho não é de convencimento, mas, sim, de esclarecimento, para que as pessoas possam exercer sua vontade efetiva em estar presentes ou não.

2) A preparação para a mediação

As pessoas e seus representantes legais, os advogados, ao responderem afirmativamente ao convite para a mediação, são recebidos pela equipe de mediação no primeiro dia em que a mediação é destacada para eles.

A mesma equipe passa a acolhê-los ao longo de todo o processo, não importando o dia que marcarem. Em outras palavras, a mesma equipe se compromete com aqueles mediados a estar presente em todas as reuniões daquela mediação. É o compromisso pessoal que assumem com aqueles participantes, devendo estar a eles vinculados enquanto a mediação ocorrer. O acolhimento é personalizado e, dependendo da equipe em regime de plantão, é realizado de maneira individualizada, o que customiza ainda mais o serviço.

A doutrina brasileira denomina esse momento, integrante do processo, de pré-mediação ou reunião prévia. Esse momento de caráter informativo para os futuros participantes privilegia justamente oferecer informações relativas à mediação. Nele são explicados com detalhes todos os elementos do processo, baseados nos princípios de voluntariedade, respeito, cooperação e sigilo, para que os mediados possam deliberar se desejam efetivamente participar. O pré-mediador, profissional com ampla experiência em mediação, bom domínio do processo de mediação e conhecedor das dificuldades da atividade, depois de informar de maneira ampla o método, convida a todos para falar sobre o que os trouxe para a mediação.

Assim que a primeira escuta é desenvolvida, ele estimula o desenvolvimento de uma avaliação conjunta sobre a conveniência ou não de utilizarem a mediação. Nessa avaliação conjunta são desenvolvidas percepções relativas ao conflito: se pode ou não ser objeto da mediação, e se os futuros mediandos consideram conveniente dele participar. Esse momento se reveste de vital importância, pois os participantes, ao responderem sim à mediação, acenam com a percepção de que o processo possui a credibilidade mínima necessária para ser iniciado. Ajuda também no eventual desarmamento dos participantes, que poderão ou não estar acompanhados de seus advogados. A prática desse momento prévio de preparo em muitos casos contribui para tornar os participantes mais abertos para o diálogo proposto pela mediação e para dar início ao processo.

A prática desse momento, nos casos levados à mediação junto à 3ª Vara de Família do Fórum do Tatuapé, tem demonstrado o quanto pode servir para a efetiva evolução da mediação naquele contexto, pois os elementos acima apontados efetivamente tomam corpo e fazem com que a mediação se realize a partir da vontade expressa de seus participantes.

Essa afirmação é válida também para as pessoas que são convidadas por telefone e, ao serem acolhidas na pré-mediação, eventualmente, expressem claramente que não desejam estar presentes para evitar a presença de seu oponente ou por não desejarem iniciar um processo que precisa efetivamente da participação ativa de todos.

As negativas de participação são raras, mas podem acontecer. E realmente acontecem, motivo pelo qual a equipe de mediação está sempre atenta para a efetiva intenção em não participar da mediação, muito embora tenham respondido afirmativamente ao convite formulado pelo telefone, comparecendo no dia destacado. Quando isso ocorre, não se avança na mediação, pois um de seus pré-requisitos não é cumprido, o que a inviabiliza. Nesses casos, a negativa parte sempre de uma pessoa e na grande maioria não é unânime, pois a outra pessoa também compareceu, mas expressou sua concordância em participar. E, como dito acima, os motivos são muitos, desde a afirmação de não existir tema a tratar com a outra pessoa, passando por medo de ameaças de mais conflito com o outro e pela opinião de que o juiz é que deve definir o melhor para todos.

Esta última foi a afirmação feita pelo ex-marido de uma senhora, que no contato telefônico se mostrou muito aberto à mediação e na pré-mediação realizada no dia seguinte expressou claramente sua vontade de aguardar a decisão da juíza.

3) O processo de mediação

De modo geral, a mediação na 3ª Vara de Família do Fórum do Tatuapé não é desenvolvida a partir de um formato pré-estabelecido ou com elementos estruturantes que determinam o número mínimo ou máximo de reuniões. Nesse sentido, o processo de mediação pode se realizar em uma única reunião ou em quantas os participantes considerarem necessárias. Por isso, não há como definir a duração do processo de mediação, podendo variar de menos de duas horas em uma única reunião até meses, com reuniões de duas horas cada, no máximo.

Outro elemento que se nota nas mediações lá desenvolvidas é a incorporação de outras pessoas, que direta ou indiretamente fazem parte do conflito. Assim, eventualmente, se os participantes iniciais desejarem a inclusão de seus filhos, avós, tios, netos ou outros parentes de distintos graus de parentesco ou afinidades, em havendo consenso, a equipe de mediadores formula o convite. Nesses casos, tomam o cuidado de preparar os novos integrantes para o processo em curso, com a devida atenção em não repassar informações sobre o conteúdo em debate, mas para integrá-los na dinâmica do que está sendo construído, para que entendam como podem se integrar e com isso contribuir.

Num dos casos em que ocorreu tal inclusão, um casal com bastante tempo de separação manifestava sua forte preocupação com a formação do filho de 11 anos, que repassava informações diferentes para o pai quando estava com ele e para a mãe quando estava com ela. A mediação, nesse caso, contribuiu muito para a mudança da comunicação do casal, que passou a ser mais fluida e frequente para ajudar o filho a ter clareza nas interações com o pai e a mãe, já que a dificuldade de comunicação entre eles havia sido superada.

Além disso, convém lembrar que o objetivo da mediação lá desenvolvida não é, e nunca foi, a tentativa de se alcançar acordos para colocar um fim ao processo judicial. Visa, sim, como dito anteriormente, ao acolhimento das pessoas durante todo o processo dialógico, preservando a sua vontade, se desejam e consideram o momento adequado para decidir sobre suas vidas e suas famílias.

Muitos foram os casos que a mediação foi iniciada e por diversos motivos – como elementos emocionais impeditivos, dificuldade de sensibilização ou reconhecimento mútuos etc. – não foi adiante. A equipe de mediação, ao perceber não haver evolução dos participantes, pode encerrar o processo. Nesses casos, sempre se informa que a mediação poderá ser retomada a qualquer tempo, mesmo após o encerramento do processo judicial.

Importante lembrar que a mediação poderá oferecer uma oportunidade para construírem o que é melhor para cada uma delas e também para suas famílias como um todo. Os mediadores e a equipe estimulam o diálogo entre os participantes, numa tentativa de mudar a qualidade da interação decorrente do conflito.

O processo de mediação, aqui entendido como a intervenção do mediador ou da equipe de mediação, de preferência em comediação, consiste de momentos em que o diálogo se desenvolve de maneira única. Inicialmente, procede-se a uma análise das questões pertinentes ao conflito, iniciada por uma questão somente, mais objetiva. E, ao se desenvolver a mediação, normalmente se percebe que outros temas são trazidos também. Os mediadores costumam estar abertos a proporcionar um ambiente de acolhimento permanente a estes últimos. Verificam, permanentemente, os temas que os mediandos desejam tratar e a forma como serão abordados (ou não), inclusive com a checagem permanente da eficácia de suas intervenções. Promovem sempre a possibilidade do convite a debater outros temas diferentes dos que trouxeram os participantes para a mediação, para que se alcance toda a complexidade do conflito. E, se houver espaço, ambiente e momento propícios, buscam construir parâmetros para o futuro da família envolvida no conflito.

Dos vários casos em que os mediados responderam ao processo como um todo, chama a atenção um deles, que foi iniciado para debater a pensão alimentícia. Iniciada a mediação, após todo o momento do preparo mencionado anteriormente, os mediandos apontaram que haviam vindo para discutir como ficaria o valor e que outros temas já haviam sido decididos anteriormente entre eles ou pela juíza. Mas, ao tratar dos alimentos, traziam outros temas, sendo o relacionamento entre eles o principal, o que tornava evidente que a comunicação não alcançava os objetivos que ambos desejavam. Apontados os outros temas pelos mediadores, os participantes se corrigiam e voltavam ao tema da pensão alimentícia num primeiro momento, mas não se continham e os outros temas voltavam. Resultado: aos poucos, foram revendo muitas decisões e acabaram por incluir no documento final de mediação todos os temas que debateram, juntamente com o inicial, que era a pensão alimentícia.

4) O resultado

A solução ou soluções, caso aconteçam, demandam acompanhamento dos mediadores no sentido de auxiliarem os mediados e seus representantes legais na construção conjunta do termo final de tudo aquilo que escolheram e identificaram como solução.

É relevante que as palavras empregadas no termo final resultante da mediação sejam as mais claras possíveis, com a expressão exata das responsabilidades dos participantes. Nesse sentido, normalmente retratam os compromissos assumidos na transformação do conflito, devendo receber o tratamento que os participantes determinarem, desde que não contrariem a legislação vigente, o que certamente não ocorrerá, já que os advogados os assessoram ao longo do processo.

Os mediadores buscam contemplar onde, quando, como, por que e quem será responsável pelos compromissos assumidos durante a interação mediadores-participantes. E tomam a devida atenção para que nada seja esquecido. Evidentemente, se os advogados estiverem presentes, são eles que colaborarão nessa redação.

Convém lembrar a possibilidade de que as soluções sejam experimentais, parciais ou totais. Diante da flexibilidade da mediação, assim como do desprendimento da juíza coordenadora dos serviços, os mediados podem optar por realizar acordos para serem executados imediatamente e avaliados posteriormente em mediação ou por eles mesmos. Podem desenvolver acordos experimentais, também para serem também avaliados por eles ou em mediação. Ou mesmo pequenos acordos sobre cada tema para resultar posteriormente no fim do processo. Ou ainda um acordo único que contemple tudo o que desejarem.

Em um dos casos em que os mediandos optaram por acordos experimentais para serem avaliados em mediação com a colaboração dos mediadores, o processo se desenvolveu em oito meses, com reuniões mensais que promoviam uma análise detalhada do acertado no mês anterior. E o resultado final do desenvolvido e praticado por eles foi muito distante do primeiro entendimento proposto.

Por outro lado, importa enfatizar ainda que as equipes que lá trabalham estão à disposição caso os mediados desejem rever eventual acordo ou desejem iniciar a mediação após terem respondido negativamente ao convite para isso. Todos os profissionais têm ciência de que lidam com pessoas em crise e estão ali para ajudá-las a superá-las, não importando o momento em que o fizerem. E também estão à disposição para acolher eventual intenção de mudança das pessoas e do momento que estão vivenciando.

Conclusão

Retomando as palavras iniciais, é difícil expressar o agradecimento pela oportunidade de estar vivenciando o serviço da mediação no contexto judicial, não somente com os protagonistas do processo, mas com os escreventes e, em especial, com a juíza Tarcisa de Melo Silva Fernandes, que não poupa esforços para a continuidade da atividade em sua Vara e muito incentiva a todos em participar.

É de uma satisfação ímpar constatar com todos esses atores o quanto o elemento de cooperação é fator preponderante para a mudança de comportamento e, sobretudo, mudança de paradigma. Nestes cinco anos, foi percebido o quanto a mediação evoluiu e, também, o quanto as pessoas a tomam como atividade natural. É, portanto, um verdadeiro processo de institucionalização da atividade, que nasceu da ideia de ser utilizada para os casos em que as famílias em conflito estavam submetidas ao regime de visita assistida.

Nesse sentido, é fundamental lembrar as palavras de mediados que, ao final da última reunião de uma mediação na 3ª Vara de Família do Fórum do Tatuapé (foi a sexta reunião), informaram conjuntamente que não gostariam de dar continuidade à mediação, pois haviam transformado o que os trazia para a mediação. E conjuntamente explicaram que "estavam mediados e, como tal, não mais brigavam e sim conversavam. E agora seria só com eles".